JN108085

収益が上がり続ける
データドリブン経営入門

DATA is BOSS

株式会社一休 代表取締役社長

榊淳

SE
SHOEISHA

┃ はじめに 「DATA is BOSS」の意味

　本書を手に取られた方なら、「データドリブン」という言葉や概念に一定の関心を持っておられると思います。データドリブンの企業経営に、今まさに取り組んでいる方もいらっしゃるでしょう。私も、その1人です。

　私はもともと理系出身で、経営者としてはデータの扱いに明るいほうだと思います。ただ、他社の経営層やマーケターの方々とお話しすると、ときどき「データ」の捉え方が私と異なっているように感じることがあります。

　私が使っている「データ」という言葉は、ほとんど「顧客」のことを指しています。**データドリブン経営とは、顧客の姿を徹底的にデータで捉え、分析し、顧客により良い体験を提案することです。**本書のタイトルに掲げた「DATA is BOSS」とは、顧客こそがボスであるという提言であり、首尾一貫して顧客に向き合って事業を推進することこそ健全な成長を実現する道筋だ、という私たちの経験則です。

　本書で私がお伝えしたいことは、顧客に支持されて事業を伸ばしていくには「顧客理解」が最も大切であり、それを徹底するために「顧客≒データ」をしっかり見ましょう、ということです。**データには、顧客行動が現れます。**その意味では、データは顧客そのものともいえます。本書でのデータドリブンとは、顧客ドリブンとほぼ同じ意味です。本書内の「データ」という言葉を「顧客」に置き換えても、およその意味が通ると思います。

　私が社長を務める一休という会社は、高級領域に特化した宿泊・飲食の予約サービスで、大きな成長を実現してきました。

　他の宿泊業や飲食業と同様、2020年度と2021年度にはコロナ禍の影響を受けましたが、それでも取扱高は微増で推移しました。そして2022年度、前年の1.5倍以上に伸長し、2023年度も成長を続けました。さすがにこの高成長は、20年近い一休の歴史の中で、初めてのことです。ここ数年の皆さんの「非日常を味わいたい」「どこかへ出かけてリフレッシュしたい」という気持ちが一気に表出し、その受け皿として私たちが機能したのではないかと感じます。

　2000年にサービスを開始した一休は、2005年に当時最少社員数で東証マザーズ市場に上場、2007年に東証一部に上場し、花開きつつあったインターネットサービスの企業として成長を期待されていました。しかしこの頃から顧客数の頭打ちを迎え、数年の停滞の時期に入ってしまいました。私が外部コンサルタントの立場で一休の経営に関わるようになったのが、2012年。ここから再成長に向けた改革をスタートしました。

　それ以降、イレギュラーな時期も乗り越えながら、着実に成長を続けてきました。それはなぜか、どうして伸び続けられるのかと、この数年で多くの質問を受けてきました。その秘密は、たったひとつの言葉に集約されます。「データドリブン」です。一休は、データドリブンを徹底的に実践することで伸びてきました。もっというと、2012年にデータドリブンに大きく舵を切り、「顧客≒データ」に徹底的に**忠実になる企業に生まれ変わった**のです。

……顧客はデータだ、などというと、すぐに「お客様を数字で見るのはよくないのでは」「気持ちやインサイトをないがしろにして成果が上がるのか」といった反応をされたりします。

　一休がデータドリブンだからといって、決してお客様を単なる数字の塊＝マスで捉えているわけでも、そのニーズや隠れたインサイトをないがしろにしているわけでもありません。むしろ、データにこれ以上ないほど分け入っていくことこそ、顧客に貢献する次の一手を見つける最も有効な方法だと考えています。データにはときに、顧客自身すら気付いていない気持ちまでありありと現れるのです。

顧客が教えてくれること

　もう少し、一休におけるデータドリブンの考え方を書いてみます。

　顧客は、サービスを利用しながらいろいろなことを教えてくれます。例えば、特定のプロセスで離脱が多い場合「使いづらい」「何らかの障壁がある」ことが推測されます。いろいろな商品をおすすめすると、当たり前ですが反応が顧客ごとに違うので、比較すれば一人ひとりの方から「こういう商品を知りたかった！」という声が聞こえてくるように思えます。また、顧客によってタイミングを変えながら提案すれば、これも反応の違いから、このようなアプローチだと機嫌よく私たちの提案に耳を傾けてもらえるのだということも分かります。

　全部、顧客がみずから教えてくれます。だから、それに沿えばいいのです。隠れたニーズを見つけて先回りしてお応えすると、喜ばれている様子がまたデータで分かります。手応えがあったら、そこをもっと深掘りすることで、新しい提案にもつながります。だからデータが

ボスであり、それは「顧客がボスである」ことと同義なのです。

　P&Gに、「Consumer is Boss」という有名な言葉があります。私も、まったくその通りだと思ってきました。お気付きのように、本書のタイトル「DATA is BOSS」は、この言葉を受けて考案したものです。

　顧客がボスであると提唱された約20年前は、今ほど豊富にデータを取得できませんでした。一方、時を経て今のビジネス環境下、私たちにはデータがあります。私が提唱したいのは、**顧客をボスとすることの実践は、この時代ならば顧客行動データに忠実になること、すなわち「DATA is BOSS」**だということです。

「データが新しい石油」の時代に

　そして新興企業に目を向けても、大幅な事業成果を上げている企業は、「顧客≒データ」であるとよく理解しているように思えます。

　例えばGAFAM（Google, Apple, Facebook/現Meta Platforms, Amazon, Microsoft）のようなシリコンバレーの企業の経営層は、データをよく理解している経営者が圧倒的に主流になっています。これらの企業では、インターネットの黎明期からデータの持つポテンシャルに着目し、データをビジネスに生かすことを最優先事項と位置付けてきました。そのため、データ分析に特化したデータサイエンティストやエンジニアを多く抱え、これらの専門家たちが、顧客行動データを分析し、より良い顧客体験を実現することで、結果として社会に大きな変革をもたらしています。

近年「データは新しい石油」といわれ始めていますが、先のように
データをビジネスの中枢に据え社会を変えていることが、石油にたと
えられている理由です。20世紀、石油は世界経済を支配し、産業革
命を牽引するエネルギー源でした。石油は交通、製造、エネルギーな
どのさまざまな産業の発展に不可欠な要素でした。それに対して21
世紀では、AI（人工知能）が新たな産業革命を牽引すると想定され、
AIのエネルギー源である**「データ」が石油と同じような価値を持って
いる**のだと世界は気付き、行動しているのです。米国だけでなく、欧
州、中国、インドなどでも、データのビジネスへの活用が進んでいま
す。

　一方で日本では、「当社もデータを重視している、データドリブン
を実践している」とおっしゃる企業も、かなり浅いところで手を引い
ている印象があります。データ分析の踏み込みが中途半端だから、本
当はもっと深い気付きが得られる宝であるにもかかわらず、そのデー
タが秘めている真価を引き出し切れていないケースが多いのです。こ
れは、とてももったいないことです。

　もちろん、一休での徹底したデータドリブン化が顧客体験に直結す
るのは、事業がオンラインサービスというeコマースであることと大
きく関連しています。メーカーなど小売が介在する事業や、アナログ
な顧客行動が多く介在する事業で、まったく同じようにできるとはい
いません。ですが、それでもまだまだデータの価値を引き出す余地は
あるように思います。

　また、データをうまく扱えないのは、文系が多いビジネス人材と、
理系が多いデータ人材との間に共通言語を持ちにくいという問題もあ

ります。そのため、ビジネスサイドとデータサイドとの協業がうまく機能せずに、データドリブンがなかなか進まないケースが多いように思います。もしくは、データドリブンを進めようとするあまり、うまくいっている会社の組織体制だけを単純に真似て、形から入るケースも多いようです。どの会社にもそのまま適用できるデータドリブンなど、存在しません。自分の会社にとって最適なデータドリブンのモデルを創造してほしい、という思いから、本書を執筆することになりました。

本書では、一休で具体的に何をしているのかを開示し、経営者をはじめ将来的に経営層を目指す方、マーケターや事業部の方などビジネスサイドの方々が、社内外のデータサイドの方々と適切に協業できるようになることを支援します。「このような仮説を確かめたい」「こうしたデータを見える化してほしい」と説明すれば、十分なレポートを確認できて、ビジネスに必要な示唆を読み解けるようになることが、本書の顧客である読者の方に提供したいゴールです。

もちろん、エンジニアやデータサイエンティスト側の方もビジネスの思考を理解するために、役立てていただけたらと思います。

データドリブンをピュアに実現・実践している人が、本当に成果を上げられるようになってほしいと考えています。また、そうなるための明確な方法論は確かに存在します。それを、本書1冊を通してひも解いていきます。顧客をボスとし、顧客に忠実である「データドリブン経営」を1社でも多くの企業が実践し、大きな成果を実現するビジネスパーソンが世の中に1人でも増えることを願っています。

DATA is BOSS Contents

序 章
まず知ってほしい 「データドリブンは、 ビジネスの話」

第 1 章
データを制するものが
ビジネスを制す

1.1 急成長の着眼点と
データドリブンの役割

4.3 「問い」をもって分析に臨むための連携 ····· 153

第 **5** 章
データドリブン
施策の具体例

まず知ってほしい
「データドリブンは、
ビジネスの話」

データ、分析環境、人……すべてそろっているが、なぜかできない理由

　一休の社長として、経営やマーケティング関連のカンファレンスに呼んでいただくことが増えてきました。ありがたいことに、一休が比較的データ活用に先行していて、データドリブンを実践していることが知られて指名をいただくのだと思います。そこでご一緒する方々とのディスカッションからは、私もいろいろなインスピレーションを受けています。

　そのうちのひとつのトピックで、最近とても考えさせられることがありました。それは「**データを整備し、分析環境も分析できる人材も整った。次にどうすればうまくいくか**」。うまくいく、というのはつまり、データを自社の競争力の源泉にして、顧客により良い提案を実現することです。

　企業において、データと分析環境と人材が整っていれば、すぐにでもデータドリブンによる事業成長が実現できそうです。なのに、どうにも成果につなげられずに困っている状況は、実はめずらしくありません。それは、なぜなのでしょうか。私も先ほどのトピックが挙がったときはうまく答えが出せなかったのですが、本書を準備する過程で分かりました。

　答えは「**リーダーシップの欠如**」です。ここでいうリーダーとは、具体的に手を動かしてデータ分析をするデータサイエンティストやエンジニアなどのデータ人材ではなく、事業責任者や事業担当者、今まさに本書を手に取られているビジネス人材を指しています。

このリーダーは、プログラミング言語をひとつも分からなくても大丈夫です。それは単なる手段だからで、実際にデータ分析ができる人に「こういうことを確かめたいから適切な分析をしてほしい」と頼めばいいのです。

ただし、どのような問題を解きたくて、その答えを使ってどう成果を上げたいかは、ビジネスサイドがしっかり手綱を握ってディレクションする「リーダーシップ」が欠かせません。**データサイドに丸投げでは、どれだけきれいに整備されたデータや分析環境があっても、分析をもとに業績を改善するのは難しいでしょう。**

▍事業部門とデータ部門の間でボールが落ちてしまう

多くのデータサイエンティストやエンジニアは、会社の社員であっても、業績向上よりも「データサイエンスがおもしろい」「問題を解くのが好き」という気持ちがモチベーションになりがちです。一方、ビジネス人材の多くは、とかくデータへの苦手意識が強く、しっかり検討・考察する前に思考停止に陥りがちです。

事業運営においてデータ活用がうまくいかない、"あるある"の事例をひとつ紹介します。

あるコンビニにおける、おにぎりの発注をデータドリブン化する場合を考えてみます。長年、勘と経験で発注を采配していた店長の下に、本部から分析担当者が派遣されました。手始めに、おにぎりの需要予測モデルを組んでもらって発注したところ、欠品が増えて売上が減ったり、在庫過多による廃棄が増えたりするようになってしまいま

した。

　こうした場合、どのようなデータを使ってどう組み立てたかを分析担当者に丁寧にヒアリングし、分析担当者とのズレを解明し、予測モデルを適切にチューニングしてもらう必要があります。

　しかし、そのように対応できるケースは稀でしょう。ほとんどの場合、「この予測モデルは何だかおかしい、肌感に合わない」→「やはり従来通りの勘と経験を頼りにした発注のほうがいい」と、データを生かすこと自体を短絡的に切り捨てているのではないでしょうか。

　双方に共通言語がなく、それぞれの業務に対する理解も浅いため、ボールの受け渡しがまったくうまくいかないのです。相互理解が薄い中で指示が出され、指示通りに対応したのに却下されてしまう。これでは双方の間の溝が深まり、ボールを落としてばかりになります（**図0-1**）。

■ おにぎりの発注はデータの話ではなくビジネスの話

　コンビニのおにぎり発注の例で、店長が「予測モデルなんて使えない、やっぱり私の勘と経験だ」と元に戻してしまったら、そのコンビニの発注は永遠にデータドリブンになりません。ただ、そのままでは使えないのはたしかです。突き返すのは仕方ないとしても、どう伝えればいいのでしょうか。

　適切にフィードバックするには、まず、自分が勘と経験で発注していたときと比べて、モデルによる予測だと何がどうプラスあるいはマ

▶ **図0-1 データドリブンがうまくいかないのはなぜか？**

・ビジネス人材に当事者意識がないと、"ボール"が落ちてしまう

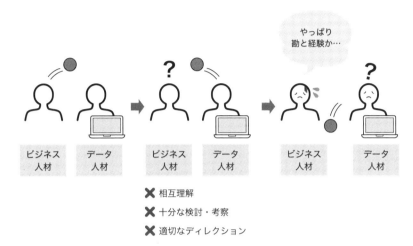

イナスになっているのかを把握します。晴れの土日は販売数が伸びる
のに、予測モデルだとそれが反映されていないなら「このモデルは天
気と曜日が反映されにくい、晴れの土日に必ず欠品が出ている。もう
少し在庫を増やすようにできないか」とフィードバックすればいいの
です。

　そのようにフィードバックするには、そもそも店長が日ごろどのよ
うに発注を決めているか、自分自身の判断材料を棚卸しする必要があ
るでしょう。仮に公園に近いコンビニであれば、月別、曜日別、時間
帯別、天候別の公園の来園者数を把握し、おにぎりの購入数を予測す
ると思います。

……今、ここで紹介しているのは、ビジネスシーンで当たり前に行われていることだと思います。確かに数字を頼りにしていますが、店長がデータ分析に精通している必要はありません。

　先ほど、分析担当者にどうフィードバックすればいいかを端的に紹介しましたが、もしあなたが店長で、分析担当者ではなく部下に発注をお願いしておかしな在庫動向になったら、「晴れの土日、発注少ないんじゃない？」などと部下にフィードバックするのではないでしょうか。そして、フィードバックの積み重ねで、そのうち部下の発注の精度も上がっていくでしょう。

　データドリブンによる事業運営も、これと同じです。分析担当者に**適切なフィードバックをし、それに応じて予測モデルをチューニングしていけば、勘と経験よりもモデルのほうが予測精度が高くなる**と思います。

　もちろん、例年この日は地元の人しか知らない花火大会があるから必ず発注5倍、のような店長しか知らない情報も重要なので、勘と経験にも有用性はあります。ですが、予測モデルがダメだからといって勘と経験ベースに戻したコンビニと、予測モデルの精度を高めたコンビニ、1年後にどちらが伸びているかは明白です。

　さて、この話は「データ」や「サイエンス」の話だったでしょうか？データ分析の方法を熟知していなければ理解できない話でしょうか。答えはNOです。私は、ビジネスの話をしているつもりです。

■ データドリブンの事業運営とは、ビジネスである

　では、次のようなビジネスプロセスを考えてみてください。これは
ごく一般的な事業運営で、皆さんがいつも向き合っていることだと思
います。

> ① ビジネスの課題を見つける
> 　　　↓
> ② 課題を解く
> 　　　↓
> ③ 施策に落とし込む

　先ほど「リーダー」という言葉を出したのは、この①から③のすべ
てを、**「自身がディレクションする範疇」として認識する必要がある**
からです。コンビニでいう店長です。このうち②の実作業を、分析担
当者に委託しただけで、それをリードするのは店長になります。

　また、分析担当者への依頼も、部下への依頼と同じように行いま
す。いきなり②の課題を分析担当者に伝えるだけでは、あさっての方
向の答えが出されることがあります。そのため「①だから②をやって
ほしい」とビジネスの背景を丁寧に説明し、「②の答えをもって③の施
策にどうつなげるのか」を一緒に考えることがとても大事になります。

　例えば事業会社で、広告やデジタルマーケティングを外部委託する
場合を考えてみてください。②の課題解決の部分をどれだけ優秀な外
部専門会社に頼んだとしても、事業会社で「何をすべきか」の全体像
を分かっているリーダーがしっかりしていなくては、成果を上げるの

は難しいでしょう。

　データドリブンによる事業運営は、ビジネスの話です。たしかに、データ分析そのものはいわゆるテクニカルな話ですが、それを事業に取り入れることは、こちらのアクションの先に必ず顧客がいるビジネスの話なのです。世の中に出ているデータドリブン関連の記事や書籍が、データサイエンティストやデータ領域に精通する専門家によって書かれていることが多いため、どうしてもデータ自体やデータドリブンという概念が「難しいもの」「専門性があるもの」と思われがちです。しかし、本当はビジネス人材にこそ"ド直球"で有用性が高いビジネスの話なのです。

■ データ分析は、あくまでも手段

　「データドリブンを事業に実装したい」と私が相談をお受けする事業会社の方々は、一様に「どのプログラミング言語を学べばいいのか」「どういうスキルセットのあるエンジニアやデータサイエンティストを採用すればいいのか」といったことを話されますが、そんなことは二の次でいいのです。

　大前提として、ビジネスの話であるデータドリブンのリーダーはあなたであるということ、そしてデータ人材に丸投げするのではなく、データ人材をリードするのだという当事者意識がまず必要です。

　データドリブンの事業運営を進めていくためには、データをツールとして、先ほど挙げたビジネスの一般論としての3つのプロセスを、次のように展開するのが理想です（**図0-2**）。

▶ 図0-2　データドリブン経営が進む組織とプロセス

・成果を上げるには、「見つける」「解く」「役立てる」の全ステップがうまくいく
　ことが必要

① データでビジネスを変える課題を「見つける」
　　↓
② データ分析課題を「解く」
　　↓
③ データ分析結果を「役立てる」

　②のデータ分析課題を解くパートは、あくまでも手段であって、それが得意なのがデータ人材だという位置付けです。

　一方、①と③はデータサイエンスというよりはビジネスです。コンビニの発注業務をしたことがない分析担当者に、発注における課題を見つけてもらうのは難しいですが、経験豊富な店長ならできるでしょ

う。施策への落とし込みも、ビジネスの経験が必要です。

　データ人材にデータドリブンの課題を丸投げしても、なかなか成果に結び付かないのは、②のデータ分析課題を「解く」ことは得意でも、①の課題を「見つける」、③のデータ分析結果を「役立てる」部分が不得意なことが多いからです。

　逆にビジネス人材は、①の課題を「見つける」ことは得意なのに、②のデータ分析課題を「解く」ときの技術が難しいために"自分ごと"にできない心理が働き、②のディレクションを放棄しがちです。そしていつの間にか、③の成果を出すところまでデータ人材に丸投げしてしまうことが多くなるのです。

　ここで、声を大にしてお伝えしたいことが2つあります。まず、①の課題を見つけるのが得意なのはビジネスサイドで、課題を解いて、それを事業に役立てたいのもビジネスサイドです。なので、**データドリブンを実践するリーダーはデータサイドではなく、ビジネスサイド**だということ。そして②のデータ分析課題を解くとき、データ人材に丸投げしてもうまくいかない場合が多いので、**ビジネス人材がデータ人材と並走し、③の役立てるところまでをしっかりディレクションする**のがとても大事です。

■ ノーコード開発がビジネスサイドにもたらすもの

　そしてサイエンスであった②のデータ分析課題を「解く」部分も今、サイエンスではなくなりつつあります。背景にあるのは、急速なスピードで進んでいるノーコード開発です。

私もプログラムを書いていますが、実のところは、プログラムのほとんどをChatGPTなどの生成系AIプログラムに書いてもらっています。プログラミングの専門知識がなくとも、直感的にデータ分析やモデルの構築・実装ができるようなツールや環境が整ってきています。すると、もはやデータ分析をデータ人材に委託しなくてもよくなります。**課題の発見からデータ分析、施策への反映までが、一気通貫のピュアなビジネスプロセスになりつつある**のです。

　「データ人材がビジネスを学んだほうがいいのか、それともビジネス人材がデータサイエンスを学ぶべきか」という質問もよく受けるのですが、前者は以前から「かなり無理がありそうだ」と思ってきました。前述のように、データ人材は概して問題を解くことが好きなのであって、金儲けや顧客心理などのビジネスにはあまり興味がないことが多いからです。

　逆に、後者のビジネス人材がデータサイエンスを使いこなすことについては、今後は大きな可能性を秘めています。そして、ノーコード時代にはもはやプログラミングの専門知識を学ぶ必要もありません。

　経営者、事業部などのビジネスサイドは、データサイエンスに精通していなくてもいいのです。**大事なのは、事業に精通していて、課題を発見できること。そして、適切なディレクションによってデータ分析結果を得たあと、施策に落とし込んでより良い成果を実現すること**です。

　付け加えるなら、**この一連をやり切れる腕力と、絶対に成果を出すのだという気合いも必要**です。これもデータ云々ではなく、ビジネス

パーソンとしての力量の話です。

▌ 1人が一点突破しなければいけない

データドリブンとはビジネスの話であることと、そのプロセスについて述べてきました。再度、先の①〜③のプロセスを挙げてみます。

① データでビジネスを変える課題を「見つける」
　　↓
② データ分析課題を「解く」
　　↓
③ データ分析結果を「役立てる」（業績改善）

これを具体的にどう実現すればいいかというと、大きく次の2パターンがあります。いずれの場合も、1人が一点突破することが重要です（**図0-3**）。

- 1人が①〜③を全部担う（単独型）
- ①〜③は分業で、1人のリーダーが全体を統括する（協働型）

私たちの会社で実践しているのは前者の「単独型」ですが、日本でデータドリブンを実践中の企業の大半は、おそらく後者の「協働型」でしょう。しかし、この3つを、リーダー不在の「協働型」で乗り切ろうとされているケースが多いように思います。

「協働型」で重要なのは、この一連のプロセスにおいて「リーダーが1人いること」です。データでビジネスの課題を解決するのは、その

▶ **図0-3　データドリブンの実践、2つの型**

・1人がすべて行うか、協働か、いずれの型でも1人が一点突破しなければいけない

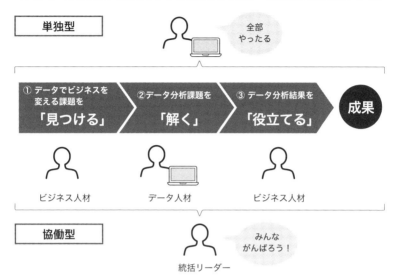

課題の大小にもよりますが、ある程度のカロリーが必要だと感じています。先ほど触れた、気合い、というほうが的確かもしれません。データ分析課題を解くことだけに達成感を得て終わってしまってはビジネスとしては意味がなく、どうしてもより良い顧客体験を実現して、業績につなげるのだという強い意志が要るのです。

　課題の発見、解決、実運用に乗せる人がそれぞれ別々でもいいのですが、この全体のリーダーは1人とし、強いリーダーシップを発揮する必要があります。

　そしてその人は、ビジネスもサイエンスも両方ともある程度分かるほうが良いと思います。ただし、これを高いハードルと捉える必要は

ありません。具体的にプログラミング言語が使えたり、サイエンスの思考を備えたりすることが必ずしも要るわけではないからです。**事業に関連するデータをよく理解し、そのデータがビジネスにどう貢献するかを熟知していることが、大事**だと考えています。

　ちなみに私たちの会社では、先の2パターンのうち、前者の単独型を実践していて、数名の単独型人材がデータドリブン化を進めています。これはデータ分析ができる人が前後のビジネスの部分も担うため、後者の「協働型」よりも人材獲得のハードルが高いとは思います。ただ、データ人材の中にも、ビジネス課題の発見や業績につなげることが得意な人はいます。そのスーパーマン的な素質を見抜けるかが、ポイントになるかもしれません。

　どちらのパターンで実践できそうかは、素質の見極めも含めて試行してみるといいと思いますが、いずれにしても強調しておきたいのは、1人が一点突破しないといけないことです。ビジネスを動かす当事者はあなたであり、**データで解決しようとしているビジネスの課題は分析ができる人にパスして終わりなのではなく、あなたのボール**なのです。

▌持続的な成長を実現するためには

　序章の最後に、このあと1章から紹介していく「データドリブンの実践」を1枚にまとめた図を提示しておきたいと思います（**図0-4**）。必要なステップを、順を追って紹介します。

　大前提として、図において土台に据えていることが「データ」です。

▶ **図0-4 データドリブンの実践で持続的な事業成長に導くためのステップ**

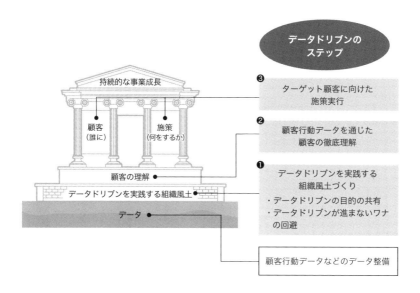

まず、データドリブン化するためには、顧客行動に関する正確なデータにタイムリーにアクセスできることが不可欠です。これが、データドリブン化して持続的な事業成長を目指すための第一歩になります。そこで1章では、一休の取り組みをひとつのケースとして取り上げ、データへの向き合い方をどのように変え、事業成長につなげたかを紹介します。

　データの上に、「データドリブンを実践する組織風土」というブロックを置きました。データで事業成長を実現するためには、データの整備に加えて「社内でデータ（≒顧客、ファクト）に基づく意思決定が重要である」という組織風土の醸成が必須になります。このデータドリブンを実践するための組織風土の醸成については、2章、3章

で詳しく紹介します。

　そして、晴れてデータと組織風土が整備された後は、データを通して顧客を徹底的に理解していきます。下から3つ目のブロック、「顧客の理解」です。私からすると、データドリブン化の要諦は、この顧客理解にあるといえます。

　顧客理解を深めるために、私がいつも問うのは「顧客の視点から見て、今、事業は良い状況なのか、悪い状況なのか」という論点です。企業視点ではなく、顧客にとって「満足するサービスや体験が提供されている」ことを、事業が良い状況としています。もし事業が良いのであれば、どうすればその良さを加速できるのか、もし悪いのであれば、どうすればその悪い状況から改善できるのか、を理解することが重要になります。

　これらの問いに答えるのは容易ではありませんが、考えられるすべての切り口から分析し、必要な深さまで"ディープダイブ"することで答えが見えるようになります。顧客行動データを通じて顧客をクリスタルクリアに理解する方法については、4章で紹介します。

　この顧客理解を大前提に、「誰に何をするのか」という事業戦略の問いに初めて向き合えるようになるのです。データを活用してどのようにデータドリブンな施策を実施すればいいか、については5章で紹介します。

　「誰に何をするのか」の戦略は、大きな方向性には頻繁な変更はないとしても、施策レベルではタイムリーな修正が必要になります。な

ぜなら、市場の変化、自社の変化、競合の変化などによって、顧客は日々変わるからです。

そのとき顧客の理解が十分でなければ、施策をタイムリーに修正することができないため、持続的に事業成長を実現することが困難になります。「データドリブン化する」とは、顧客行動データ、データに基づく顧客理解、そして「誰に何をするか」という事業戦略が有機的に連携することです。それによって、持続的な事業成長という成果を得ることができるのです。

第 1 章

データを制するものが
ビジネスを制す

持続的な事業成長

顧客
（誰に）

施策
（何をするか）

顧客の理解

データドリブンを実践する組織風土

データ

1.1

急成長の着眼点と
データドリブンの役割

▌ 事業の改善ポイントはデータが教えてくれる

「はじめに」で、2007年に東証一部に上場してから伸び悩んでいた一休が2012年に経営改革に着手し、データドリブン化したと述べました。当時は、将来大きく成長することを期待されるインターネット企業、そして周囲の同業他社が大きく成長する中での事業の停滞に対し、市場の評価は厳しく、株価は低迷していました。

厳しい状況を打破するべく、当時の経営層は、事業再生が専門のコンサルティング会社に相談しました。そして同社に在籍していた私が1人、外部コンサルタントとして参加するプロジェクトが始まりました。このプロジェクトを境に、一休はデータドリブンへと大きく舵を切りました。**事業をどのように改善すべきかを、データ（≒顧客）に教えてもらうことにしたのです。**

ほんの10年ほど前のこととはいえ、当時はデータの重要性を理解している人は今よりもずっと少なかったと思います。この10年の間に、技術は目覚ましく発展し、取得できるデータもぐっと深くなりました。また、AIによる予測や提案も、日進月歩で緻密になっています。

　その中で私は事業責任者として、また2016年からは社長として、経営者とデータサイエンティストの両方の視点で一休の事業に取り組んできました。

　詳しくは5章で紹介しますが、さまざまな施策を講じることで、一休は高級領域に特化した宿泊・飲食の予約サービス市場において大きく成長しました。右肩上がりでコロナ禍に突入し、その間は微増が続きましたが、その反動かのように2022年度は過去最高の業績を上げています。2023年度も、さらに伸長する見込みです（**図1-1**）。

　このような急激な成長に対しては、「そもそも市場全体が大きく成長していて、その追い風に乗って伸びただけではないのか」という見

▶ **図1-1　一休の販売額推移**

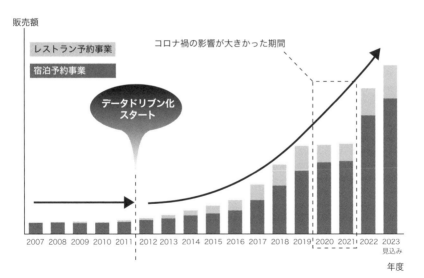

方もあると思います。もちろん、ビジネスにはそうした例が多数あると思いますが、一休に関してはあてはまりません。

　次のチャートは、主要旅行会社の国内販売額の推移を比較したものです（**図1-2**）。通常、同じ市場で類似サービスを提供している同業者同士は、事業成長率に大きな差が生じないケースが多いです。しかし、コロナ禍も含めた激動の市場環境下では、顧客の購買行動にも大きな変化が起きたものと思われます。その結果、同業者であっても事業成長率に大きな差が発生し、中でも一休は高い成長を実現しました。

　また、同業者の中で特定の会社だけが大きく伸びている、というと「マーケティングやプロモーションなどの大きな先行投資を行い、収益性を度外視して事業を成長させただけではないか」という見方もできます。ただ、これも一休に関しては異なります。

　次のチャートが、一休の利益額の推移です（**図1-3**）。販売額の増加に伴い、利益額も大きく成長しており、収益性を維持しながらの事業成長であることが数字でご理解いただけると思います。

　一休の事業成長は、市場成長の追い風に乗ったわけでもなく、マーケティングやプロモーションなどの投資で事業成長をしたわけでもありません。また、事業領域を広げて成長したわけでもありません。**事業を徹底的にデータドリブン化し、顧客へのサービスをより良くすることで、事業成長を実現してきた**のです。データドリブン化が成功すれば、従来とまったく違う成長ができるのです。

▶ **図1-2 主要旅行会社の国内販売額の推移**

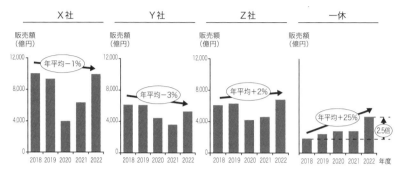

Note： キャンセルを除く実泊ベースの国内販売額を適用
Source：各社決算発表、観光庁旅行業界取扱高速報、顧客アンケートから筆者が推計

▶ **図1-3 一休の利益額推移**

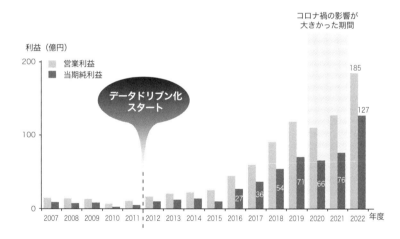

Source：有価証券報告書、官報決算データベース

一休 2022年度（2023年3月期）第25期決算公告

第 25 期 決 算 公 告

令和5年6月15日
東京都千代田区紀尾井町1番3号
株式会社一休
代表取締役社長　榊　淳

貸借対照表の要旨（令和5年3月31日現在）（単位：百万円）

科　目	金　額	科　目	金　額
流 動 資 産	66,017	流 動 負 債	32,396
固 定 資 産	1,925	固 定 負 債	120
		負 債 合 計	32,517
		株 主 資 本	35,425
		資 本 金	400
		資 本 剰 余 金	1,722
		その他資本剰余金	1,722
		利 益 剰 余 金	33,303
		利 益 準 備 金	100
		その他利益剰余金	33,203
		純 資 産 合 計	35,425
資 産 合 計	67,942	負債・純資産合計	67,942

損益計算書の要旨
（自　令和4年4月1日）
（至　令和5年3月31日）
（単位：百万円）

科　目	金　額
売 上 高	34,304
売 上 総 利 益	34,304
販売費及び一般管理費	15,837
営 業 利 益	18,467
営 業 外 収 益	132
営 業 外 費 用	5
経 常 利 益	18,593
特 別 損 失	62
税引前当期純利益	18,531
法人税、住民税及び事業税	6,000
法人税等調整額	△128
当 期 純 利 益	12,658

出典：官報決算データベース https://catr.jp/settlements/0bcdd/324357

一休の2022年度（2023年3月期）の決算は、
売上高：343億400万円、営業利益：184億6,700万円、営業利益率は5割超

データ収集とヒアリングから導き出した、2つの仮説

　一休は2000年に高級宿に特化した宿泊予約サービスを開始し、2005年に東証マザーズ市場に上場、そして2007年には東証一部に上場するなど、飛ぶ鳥を落とす勢いで成長していました。しかし、この頃から顧客数の頭打ちを迎え、数年の停滞期に入ってしまいました。どのように顧客数を増やし、どのように売上を再成長させるかは、まさに喫緊の課題でした。私が一休と出会ったのは、ちょうどそんなタイミングでした。

　そこで、私は一休と関わるようになった直後から、社内外のさまざまなデータを集めながら分析を進めました。データ（≒顧客、ファク

ト）をもとに、さまざまなステークホルダーとディスカッションする
ためです。

　同時に、社内の有力者たちの考え方を理解することも重視しまし
た。それは、事業が成長するためのアイデアは社外にあるのではな
く、社内にあることが多いからです。

　事業が期待通りに成長していないということは、社内の総意として
実行されている戦略や施策が間違っているといえます。しかし、だか
らといって社員それぞれが考えている戦略がすべて間違っていると捉
えるのは、いささか短絡的です。その時点では実行に移されていなく
ても、**それまでの事業の経緯や課題を内部から知っている社内の誰か
が、事業を画期的に成長させるヒントやアイデアを持っている**ことが
多いのです。

　社内の多くの有力者たちからヒアリングした結果、数年の停滞の要
因については、2つの仮説があがってきました。

　ひとつは、「事業が伸びないのは市場が伸びていないから」という
こと。当時、宿の予約は電話や旅行代理店というチャネルから、どん
どんインターネット予約に移行しており、同業他社は大きく成長して
いました。しかし、高級宿に特化してサービスを展開している一休は
伸び悩んでいた。つまり、宿全体の市場は伸びているけれど、高級宿
の市場だけは伸びていない。そのため、一休だけが伸び悩んでいる
……というストーリーでした。

この仮説を聞いたとき、私の脳には瞬時に「本当に？」と疑問が浮かびました。なぜなら、高級な市場だけが伸びていない理由を誰も説明できなかったからです。むしろ、市場の成り立ちを考えると、私は「高級宿の市場こそが伸びているのではないか」と考えました。当時はカジュアルな宿からインターネット販売にシフトしており、市場の成長からやや遅れて、高級宿の販売もインターネット化が進んでいました。つまり、市場全体が伸びているのであれば、高級な市場はもっと伸びているのではないか、と思ったのです。

　こういうときこそ、データの出番です。具体的には、本当に高級宿の市場が伸びていないのか、数字で確かめてみました。例えば、100室保有している宿で、一休が1日あたり平均3室を販売しているなら、一休の販売シェアは3%になります。

　そうしてすべての宿で販売シェアを計算してみると、一休の販売シェアが低水準で停滞していることが分かりました。つまり、一休が伸びていないのは、市場が伸びていないからではなく、販売シェアが伸びていないから、と思ったわけです。また、複数の宿にヒアリングしてみたところ、カジュアルな宿だけでなく、高級な宿もどんどんインターネット販売を進めているが、一休の販売だけ伸びていないことも分かりました。私はこれらのことから、次の示唆を得ました。

- ターゲット市場は伸びている
- 市場が成長する中で、一休の販売は伸びていない
  つまり、何らかの競争優位が失われ、他社に取られている
- 販売シェアは低水準であり、シェア拡大の余地が大きい

　一方、社内の有力者たちから上がってきたもうひとつの事業停滞の仮説は、「高級な宿を厳選して販売する」という提供価値の軸がブレていることでした。端的にいうと、カジュアルな宿にまで領域を広げる動きが出始めて、社員に迷いが生じていたのです。

　数年の停滞が続いた当時は、「これまでと同じ事業領域で展開しても成長は望めない」という見立てが社内の共通見解になっていました。そのため、さらなる成長に向けて「高級宿だけでなくカジュアルな宿も販売する」という拡大路線にシフトしていました。また、少しでも売上を向上させるべく、サイト内に多くの広告を載せることで、広告収入を得る動きも加速していました。そのせいで、社員の多くが「"高級"という自分たちの提供価値の軸が揺らいでいる」と感じていることも分かりました。

　これらのことは、一休を利用してくださっていた顧客の一部も「提供価値の軸がブレていることに不満を感じて離反しているのではないか」と考える大きなヒントになりました。

▌戦略の再定義　——「誰に、何を」を見つめ直す

　事業の進むべき方向性が混迷を極めるとき、最初にすべき重要なことは、戦略の再定義です。こうしたとき、私は次のように「誰に何をするか」というシンプルな問いに答えるようにしています。

- 誰に：自社の商品を最も喜んでくれそうな顧客（＝ターゲット顧客）は誰なのか？
- 何をするか：ターゲット顧客に何をすればもっと喜ばれるのか？

この中でも特に、「誰に」というターゲット顧客を正しく見極めることが、戦略づくりにおいて最も重要です。「誰に」という問いに対して、ターゲット顧客像をありありと語れるくらい解像度高く理解できているのであれば、戦略はほぼ完成したといっても過言ではありません。ターゲット顧客のことを深く理解できているなら、「何をするか：その顧客に何をすればもっと喜ばれるのか」という問いには容易に答えられるようになっているはずだからです。

具体例として、一休でこの論点にどのように取り組んだのか、もっというと「この論点に対して、どうデータドリブンに取り組んだのか」を見てみます。

ターゲット顧客を見定めるときに、私はいつも**「細かく分けて見る」ことを徹底**しています。業績が伸びていない、というのは事業全体の話で、顧客セグメント別に細かく分解していけば「伸びている顧客セグメント」と「伸びていない顧客セグメント」に分けられることが多いからです（**図1-4**）。

その「伸びている顧客セグメント」に着目し、なぜその顧客セグメントに喜ばれているのか、あるいは「伸びていない顧客セグメント」になぜ喜ばれていないのかを探っていきます。これらの問いが、自社の商品を見つめ直すことにつながり、ターゲット顧客を見定める上で重要な示唆が得られることが多いのです。

一般的に顧客セグメントは、いろいろな切り口で分析することができます。実際にターゲット顧客を見極める上では、考え得るすべての切り口で分析することをおすすめします。例えば、一休では次のよう

▶ 図1-4 ターゲット顧客の見定め方のイメージ

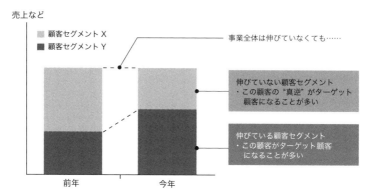

売上など

顧客セグメント X
顧客セグメント Y

事業全体は伸びていなくても……

伸びていない顧客セグメント
・この顧客の"真逆"がターゲット
　顧客になることが多い

伸びている顧客セグメント
・この顧客がターゲット顧客
　になることが多い

前年　　　　今年

な切り口で分析しました。

- 顧客別の利用金額の大きさ（ヘビーユーザー、ライトユーザー、休眠顧客、新規顧客など）
- 顧客別の利用目的（例：出張、レジャーなど）
- 顧客別の利用商品（例：ホテル、リゾートホテル、旅館など）
- 顧客別のおサイフの許容度（例：高級宿メインか、カジュアル宿メインか）
- 顧客の年齢、性別、居住地などのデモグラフィック情報　など

戦略の再定義　——誰に最も喜ばれているのか？

　いろいろな切り口で、マイクロセグメントといえるほど細かく分けて分析してみたところ、一休では、年間の利用金額が100万円を超えるような"超ヘビーユーザー"の利用金額が伸びていることが分かりました。「これは興味深い」と思い、それらの顧客層の方に連絡を取ってインタビューすると、次のような言葉が多くの超ヘビーユーザーから返ってきました。

> 超ヘビーユーザーの声：
> 「高級な宿に頻繁に泊まっている私にとっては、カジュアルな宿も検索結果に出てくるサービスは使いづらい。一休さんは施設をあらかじめ厳選してくれているから、私にとって使いやすいの」

　まさに、ハッとする瞬間でした。拡大路線に走りつつあった社内と同じように、私もどこかで「宿の数は多いほうが喜ばれる」と思っていたのかもしれません。この返答は、そんな固定観念を打ち砕くものでした。

　検索結果にカジュアルな宿が出てくるのは、高級宿を探す顧客にとってはむしろストレスだったのです。そして、そのストレスを最も感じやすいのは高級な宿に頻繁に泊まる"超ヘビーユーザー"であり、この顧客層こそが、高級宿を厳選して販売する一休が最も喜ばれやすい顧客（＝ターゲット顧客）である——そう確信しました。

　ここで、本書を読む方々に思い出していただきたいのは、**ターゲッ**

ト顧客を私たちが決めたわけではない、ということです。超ヘビーユーザーは会社にとって有益だからターゲットにしたい、と言っているわけではありません。顧客をいろいろな切り口で細かくマイクロセグメントに分解し、伸びている顧客セグメントを発見することで、ターゲット顧客を見定めたわけです。つまり、ターゲット顧客は「データ≒顧客」に教えてもらったわけです。

▌ 戦略の再定義 ——何をしたら喜ばれるのか？

ターゲット顧客が見極められれば、あとはターゲット顧客に「何をするか」を検討していきます。ターゲット顧客をシャープに理解すればするほど、商品の改善、売り方の改善、価格の改善といった施策が、芋づる式に頭に浮かぶようになります。逆にいうと、頭を抱え込んで考えてもなかなか施策が浮かばないときは、ターゲット顧客の理解が十分でないことが多いので、その場合は今一度「誰に」という問いに戻ることをおすすめします。

次に挙げたのが、一休で「何をするか」の施策の例です。すべての施策の主体や実施理由に、ターゲット顧客のことが入っており、ターゲット顧客を明確に意識した施策だと感じていただけると思います。

仕入れを改善する
- カジュアル宿への拡大路線の廃止、高級宿へのフォーカス
  - 高級な宿に頻繁に泊まる顧客は、カジュアルな宿が検索結果に出てくるとストレスに感じるため。

売り場を改善する

- サイト内広告の廃止
  - 高級な宿に頻繁に泊まる顧客は、上質な体験を求めており、サイト内広告はストレスに感じるため。
- サイトの見せ方に高級感をプラスする
  - 高級な宿に頻繁に泊まる顧客は、非日常な体験を求めることが多い。そのため、大きな写真などで非日常感（例：圧倒的な眺望、美意識あふれる部屋の佇まい、非日常感あふれる露天風呂など）を伝えるようなサイトの見せ方にする。
- 検索結果のパーソナライゼーション
  - 高級な宿に頻繁に泊まる顧客は「はじめましてXXさま」という接客より、「いつもありがとうございます、XXさま。今日はこちらの商品がXXさんにピッタリだと思います」といったパーソナライズされた接客を望まれるため、顧客ごとに検索結果をパーソナライズして表示。

プライシングを改善する

- ロイヤルティ・プログラムを導入
  - 高級な宿に頻繁に泊まる顧客が、よりお得にサービスを利用できるように、ヘビーユーザーほど価格が優遇されるロイヤルティ・プログラムを導入。
  - また、高級な宿に頻繁に泊まる顧客は、お得感だけでなく“特別感”を求められることも多いため、お得さに加えて特典（例：部屋のアップグレード、ドリンクのプレゼント、レイトチェックアウトが無料など）を提供。

プロモーションを改善する

● 顧客コミュニケーションのパーソナライズ

・高級な宿に頻繁に泊まる顧客は、自分にピッタリのコミュニ
ケーションを望まれる。例えば、興味が低い商品をリコメン
ドされると「私はこんなにたくさんあなたのサービスを利用
しているのに、全然私のことが分からないのね」と、サービ
スに対する不信感を募らせる。逆に、興味が高い商品をリコ
メンドされると、「私にピッタリの商品をおすすめしてくれ
て、ありがとう」と、サービスに対する信頼を高めていただ
ける。なので、顧客ごとに最適なコミュニケーションをパー
ソナライズしてお届けする。

このように、一休はデータに基づいて、高級な宿に頻繁に泊まる超
ヘビーユーザーをターゲット顧客として定め、そのターゲット顧客に対
してより喜ばれる施策を講じることで大きな成長を実現してきました。

■ お風呂の湯量で考える、事業の成果

前項で、超ヘビーユーザーの顧客体験（UX：User Experience）を
改善することに注力したと書きました。一休が大きく成長できている
のは、ここまでずっと、一休を継続的に利用してくださる顧客層を積
み上げられたからです。次のグラフの通り、一休は2008年度から
2011年度の停滞期を経て、データドリブンに舵を切った2012年度か
ら成長に転じました（**図1-5**）。これは、一休を使っていただいた顧客
の継続利用率が、同年を境に改善したからです。

例えば、2010年度から2011年度の推移を見てみます。2010年度までに一休をご利用いただいた顧客を100とすると、そのうち70の顧客が2011年にも継続して利用されています。ということは、100 − 70 = 30の顧客は一休を利用しなくなり、そこに30の新規顧客を獲得することで、業績を維持しているのです。つまり、「流出する顧客（30）」と「新規獲得（30）」の量が同じであれば、業績は横這いです。

では、データドリブン化した2011年度から2012年度の推移を見てみます。2011年度までに一休をご利用いただいた顧客を100とすると、90の顧客が2012年度にも継続いただいています。100 − 90 = 10の顧客が利用しなくなりましたが、そこに30の新規顧客を獲得することで、2012年度には、90 + 30 = 120となって成長に転じています。

▶ **図1-5　データドリブン化前後での新規顧客／リピーターの販売額推移**

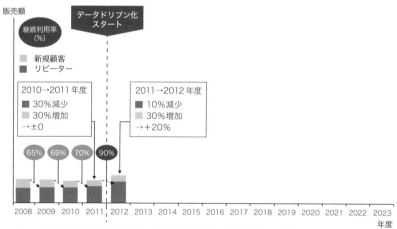

Note：ここでは、継続利用率＝「リピーターによる本年の販売額 / 前年の販売額」と定義しています。
　　　「リピーターによる本年の売上」が「前年の売上」を上回る場合は、継続利用率は100%を超えることになります。

つまり、超ヘビーユーザーを中心としたリピーターへの顧客体験を改善し、流出を少なく（30→10）することで、成長に転じたのです。

この事業構造の見方は、お風呂の湯量のようなものだと思います（図1-6）。新規顧客による売上が、上の蛇口から入ってきます。ですがサービスには必ず流出があるので、既存顧客の売上はお風呂の底の水栓から常に少しずつ抜けていってしまいます。

売上が変わらないという状況は、つまり流入と流出が同等で、お風呂の水位が変わらない状況です。どれだけ流入が大きくても、それよりも流出が多ければ水位は下がり、ほとんど流入がなくても流出がそれ以上に抑えられていれば、水位を維持できます。もちろん理想は、

▶ 図1-6 「お風呂の湯量」のような事業構造の見方

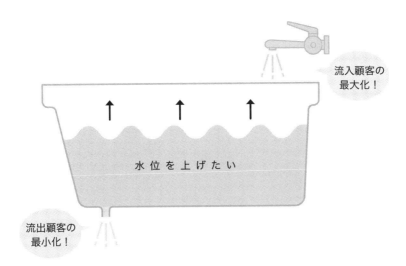

流入顧客の
最大化！

水 位 を 上 げ た い

流出顧客の
最小化！

流出を最小化した上での流入の最大化です。

　2011年から2012年にかけての継続利用率の変化は、ほんの小さな変化に見えるかもしれません。しかし、この継続利用率の改善を継続することが、業績に大きなインパクトをもたらしました。顧客層が積み上がる構造ができ、それが長い時間をかけて複利で効果を発揮したのです（**図1-7**）。

　複利を獲得するビジネスについて補足すると、このグラフが単なる直線の右肩上がりではなく、エビ反りで伸びていることが特徴的です。これが、複利の事業成長を狙うべき理由です。

▶ 図1-7　一休の宿泊事業の新規顧客／リピーター別の販売額推移

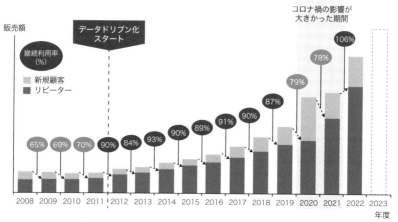

Note：ここでは、継続利用率＝「リピーターによる本年の販売額 / 前年の販売額」と定義しています。
　　　「リピーターによる本年の売上」が「前年の売上」を上回る場合は、継続利用率は100％を超えることになります。

ただしエビ反りになるには、継続利用率の臨界点を超える必要があります。2011年以前の継続利用率は70％ほどで、グラフは横這いでした。これが90％ほどになってから、販売額は年々増えていきました。氷はマイナス10℃でもマイナス1℃でも溶けませんが、0℃になると溶け始めます。0℃になることがとても大事で、同じように一休の継続利用率が2011年の70％から2012年の90％の間にあった臨界点を超えたことが、成長のドライバーになりました。

1.2

変えたのはひとつだけ

■「取引先ファースト」から「ユーザーファースト」への転換

　2012年のデータドリブン化の背景にあったのは、「ゲームのルールが変わった」ことでした。端的にいうと、同業他社も高級宿を販売するようになり、一休がそれまで保っていた"高級宿だったら一休"という「商品の差別性」が消失してしまったのです。

　では、「商品」で差がつかないとすると何で差がつくかというと、「顧客体験」です。どの業界においても、差別化ポイントが変われば、戦い方を変えなければなりません。旧来のゲームのルールに適応していたものを、新しいルールに最適化した形へと早急に転換する必要があります。それが一休にも迫っていました。具体的には、商品の差別性を維持するために、宿泊施設への営業を最重視していた「取引先ファースト」の経営から、顧客体験を最重視する「ユーザーファースト」の経営に転換したのです。その手段が、私たちがどうすべきかをあらゆるシーンでデータ≒顧客に教えてもらう、データドリブン化でした。

　もちろん、取引先にも顧客にも喜ばれることは、続ければいいと思います。ですが、例えば「うちの商品を売ってほしいから、すべての

顧客に大々的にプロモーションしてほしい」という取引先の要望をそのまま聞くのは、すべての顧客が心から望むこととは相容れません。こうした行動をすべて廃し、一つひとつを顧客が望むようにしていきました。

■ ユーザーファーストとは、一休の競争戦略

「顧客」や「ユーザー」という言葉を多用すると、経営者の方にはよく「当社もお客様を最大限に重視している」「そのように経営理念に掲げている」と反応されます。そこで使われる顧客やユーザーという言葉は、とてもエモーショナルな意味合いを含んでいると感じます。顧客に寄り添う姿勢は大事ですが、私が考える「ユーザーファースト」の実践とはだいぶ乖離があると思うことがあります。**顧客を大事にすればするほど、顧客行動（≒データ）をより深く知ろうと思うのが自然**です。データから分かる現状を真摯に受け止め、それを起点に改善していく姿勢になるはずです。

私が使っている「ユーザーファースト」とは、つまりそうした姿勢のことであり、それを当たり前に実現できる組織に変えて維持することです。「数字ばかり見ていると、顧客の気持ちがおざなりになってしまう」という指摘を遠回しに受けることもありますが、それはデータの可能性を軽視しすぎていると思います。

もちろん、顧客インタビューなどで話を聞けば、いろいろなニーズや気持ちを捉えられます。ですが、「はじめに」で触れたように、サービスを利用されている状況をデータで追うことで、顧客に関してたくさんのことが分かるのです。**顧客行動から隠れたニーズを見つけ**

て、提案という形でお返ししていく。これが「データドリブン」であり、「ユーザーファースト」の具現化です。

　一休の事業で何をしたのか、駆け足で紹介しました。私が仕事でお会いする方や、セミナーに登壇したときなどに、よく「一休の何を変えたのですか？」と聞かれます。本章で紹介したように、施策レベルで変えたことはたくさんあるのですが、根っこには共通点があります。それが、**ユーザーファーストの会社に変わった**ことです。

　困ったら、迷ったら、とにかく顧客の姿に目を向けること。すべてデータが教えてくれるはずだから、顧客行動のデータにつぶさにあたること。そこから分かることを真摯に受け止め、顧客の気持ちに応えるにはどうすべきかを徹底的に考えたことが、急成長の最大の原動力だと思います。

　さまざまな顧客行動がデータで捕捉できるようになった今、顧客を起点に考えることは、すなわちデータを起点にビジネスを組み立てていく「データドリブン」を実践することとイコールです。データで気持ちまで分かるわけがないという方がいたら、それは踏み込みが浅いだけかもしれません。どこまで分析し、どうビジネスに生かすかを、次章から紹介していきます。

Column　内なる才能は社内から見つける

　1章で紹介した内容の実現には、データサイエンティストの貢献が非常に重要でした。データ分析を担える人材をどう見つけて活躍してもらうかを、少し紹介したいと思います。

　一休には現在エンジニアが約60人、データサイエンティストは3人います。Aさん、Bさん、そして私です。

　Aさんはある種の理系の天才で、サイエンスへの理解は深いのですが、ビジネスにあまり興味がないのがもったいないと思っていました。そこで、ある社内のデータドリブン施策を「コンテスト」として、複数の社員で成果を競争することにしました。ここでの競争とは、参加者全員のプログラムを同時に走らせて、どのプログラムが顧客から最も良い反応を得るのかを競うのです。このコンテストが、データサイエンティストの能力向上に大きく寄与しました。

　Aさんはコンテストで当初は1位ではなかったのですが、1位のプログラムと自分のプログラムの違いを深掘りすることで、サイエンスだけでなく、顧客心理を含めたビジネスへの理解を深めることの重要性に気付いたようです。その後、彼はみるみる腕を上げ、驚くほどの成果を出すようになりました。

　もう1人のサイエンティストのBさんは、もともとバックエンドのエンジニアとして基幹システムや業務知識には精通していましたが、サイエンスの経験はあまりありませんでした。Bさんも同様にコンテストに参加し、1位のプログラムと自分のプログラムの違いからサイエンスのスキルを磨き、今では大きな成果を上げるようになっています。

　データ人材が必要なとき、社外に目を向けることが多いかもしれませんが、社内から素質のある人材に声をかけて活躍してもらうほうが効果的かもしれません。社内の人材は、事業理解があり、他部門とも関係を築いているため、データドリブン化の即戦力になる可能性が高いのです。本章で紹介したように、経営やマーケティングなどのビジネス人材との連携がデータドリブンでの成功に大きく影響します。データサイエンスの力を最大限に引き出すためには、社内の人材に目を向けることもおすすめします。

第 2 章

「掛け声だけ」で
終わっている
日本型データドリブン

持続的な事業成長

顧客
（誰に）

施策
（何をするか）

顧客の理解

データドリブンを実践する組織風土

データ

2.1

日本型データドリブンの現状

▍データドリブンが機能していない3つのケース

1章では、一休の成長の背景にある「ユーザーファースト」への転換と、実際に何をしたのかを紹介しました。ただただ、顧客（≒データ）に忠実に、顧客に答えを教えてもらおうと向き合い続けてきたのですが、一連の経緯を話すと「難しそう」「そこまでできない」といった反応をされることが常でした。

日本企業の多くでデータドリブンの重要性は認識されてはいるものの、データドリブンが"正しく"機能しているというケースはめずらしい、というのが私の率直な見方です。2章のタイトルに掲げたように、データドリブンという言葉が単なる掛け声だけで終わってしまっているのです。それはなぜなのでしょうか。

データを活用したいと考えながらもうまくいっていない状況は、大きく次の3つに分けられます。

① 見たいデータが見られない
② 見たいデータは見られるが、活用されていない
③ データは活用されているが、正しく活用できていない

それぞれで、困った症状が発生しています。ひとつずつ、起こりやすい事業環境の特徴や原因を解説していきます。

① 見たいデータが見られないケース

そもそも組織内でデータを収集したり整備する能力が欠けていると、見たいデータがあっても見られません。このケースは、次のような状況でよく起こります。

- 事業構造が複雑で、データ構造が難解
- さまざまな要因で、顧客データの統合が難しい
- データは集約できるが、タイムリーなデータ確保が難しい

こうした場合は、そもそも**データを整備するケイパビリティが不足**しています。具体的には、どういったデータやどんな分析ができれば顧客の姿が見えてくるかを描いた上で、収集するデータの定義、データインフラの整備、データの更新方法などを交通整理していく必要があります。

それは事業の特性や組織の状況によって変わってくるので、社内外のリソースをうまく使って、継続的にデータを整備していくための体制づくりから、しっかり取り組むのが得策です。

② 見たいデータは見られるが、活用されていないケース

データが一応は統合され、見ることはできるが、活用されていないケースです。まったく活用できていない場合から、そこそこ活用されている場合まで幅が広いですが、共通しているのは「データをもとに意思決定する」という状態まで至っていないことです。

データを活用することは、すなわち「データをもとに意思決定する」ことと同義です。データが意思決定の材料にならないなら、どれだけ精緻にデータ分析をしていても、それは「データドリブン」とはいいません。ただ、データを"見ている"だけです。次のような組織で、こうした事態によく陥っています。

- データよりも、勘や経験に基づいて意思決定するほうが安心する人が多い組織（例：年齢層が高い組織、営業組織など）
- 顧客理解の手法として、顧客行動データなどをベースとする「定量的な顧客理解」よりも、顧客体験や顧客感覚をベースとする「定性的な顧客理解」を重視する組織（例：伝統的なマーケティング組織など）

やや粗くまとめると、こうした組織はつまり、古い慣習のままビジネスをしている伝統的企業といえます。かつては、今のように多種類のデータを膨大に取得したり分析したりするのは難しかったので、経営やマーケティングが勘と経験に基づいて実行されてきた部分があるとは思います。しかしこうした企業では今なお「データだけに頼るのは何か心配」といった声が聞かれ、そもそも意識の転換ができていない様子があります。

この問題の本質は、**組織内でデータを分析するケイパビリティが不足**していることです。データ分析の結果に基づいて意思決定ができない背景には、データサイドとビジネスサイドとの間の連携不足がよく見られます。例えば、データサイドがビジネス上の示唆をビジネスサイドにうまく伝えられない（＝データサイドのコミュニケーション力不足）、データサイドが良い提言をしているにもかかわらずビジネス

サイドがその重要性や内容を理解できない（＝ビジネスサイドのデータ見識の不足）など、双方に課題があることが多いように思います。

　特にビジネスサイドが「勘と経験」に頼りがちなのは、データを軽視しているといえます。しかし私は何も、データという客観的で定量的な情報のみを信じるべきだといっているわけではありません。

　一休では、超ヘビーユーザーを中心に、常に顧客インタビューを行ってきました。評判のレストランやホテルに顧客をお招きし、インタビューだけでなく、服装や立ち振る舞い、言葉遣いなどからもヒントを得ていました。こうした活動で蓄積できる定性的な顧客理解は極めて重要だと、私自身が実感しています。

　ですが、なぜか世の中で「データ活用」「データドリブン」というと、すなわち「データだけを判断基準にする」ことだと思われてしまう。これは大きな誤解であり、非常に残念なことです。

　データに基づく定量的な顧客理解と、インタビューなどに基づく定性的な顧客理解は、どちらも必要不可欠で、融合させてこそ有効な示唆が得られます。この点は2.2で詳説します。

③ データは活用されているが、正しく活用できていないケース

　3つ目は、データ整備や分析のケイパビリティはありながら、正しく活用できていないケースです。①②③の中では最もデータドリブンに積極的で、実践も進めている、大企業やIT企業によく見られます。このケースにはさらに、次のように異なる3つの状況があります。

　大別するなら、ⅰ) とⅱ) は悪気はなく、ただ間違った方向に進んでしまっているケース。ⅲ) は、知らず知らずやってしまっている場合もありますが、私からすると「まずい」と分かっていながらやっている不誠実なケースが多いです。ⅲ) が特に問題で、根が深いと考えています。"見たい景色"を見るために、またそれを上長に納得させるために、結論ありきでデータを都合よく切り取って「データドリブンで意思決定している」つもりになっている。いわば、自称データドリブンです。

　いずれの場合も「データ活用をしている」と思っているだけに、間違った意思決定や無駄な投資も起こりがちなので、次項から細かく紹介していきます。

▍間違ったデータドリブン
▍③-ⅰ) データの理解が不十分

　前述の③-ⅰ) から、何が起きているかをひも解いていきます。

　データの理解が足りていないと、指標の増減を表面的にしか見ず、間違った方向へと打ち手を講じてしまうことがあります。例えばeコマース事業では、よく「CVR (Conversion Rate：顧客購入確率) が下がっている」ことがテーマに挙がりますが、短絡的に捉えないように

注意しています。

　具体例としては、次のようなことがしばしば起こります。いずれも、本当にどのような状況になっているのかをよく把握した上で、打ち手を考えないといけません。

> (例) 「CVRが下がっている＝サイトが使いにくくなっている」と
> 解釈して、サイト改善の施策を考え始める

　CVRが下がっている場合、サイト訪問者の購入確率が下がっているということなので、サイトのどこかが使いにくくなっている場合が多いのは事実です。でも、CVRが下がっているからといって、必ずサイトのどこかが使いにくくなっているとは限りません。例えば、「CVRが低い新規顧客の訪問者数が増えたために、全体のCVRが下がった」可能性があります。一休の場合、既存顧客のCVRが15％ほどであるのに対し、新規顧客のCVRは1％くらいしかありません。この場合、何らかの理由で新規顧客の訪問者数が増えて、既存顧客の訪問者数が変わらなければ、全体のCVRは下がってしまいます。

　その時期に実施した新規獲得プロモーションが当たった、あるいはテレビ番組である商品が紹介されて検索数が急増したなど、新規顧客の訪問者が急に増える要因はいろいろあります。それなら「新規顧客が増えた」というプラスの事象の結果なので「CVRが下がった、どうしよう！」と慌てる必要はありません。

　ただ、ここには多少の難しさがあるのも事実です。新規顧客の訪問者が増えているか、それとも既存顧客の訪問者が増えているか、とい

う分析は実はそこまで簡単ではないのです。訪問データはだいたいGoogle Analyticsなどの外部インフラを活用していることが多く、社外にデータがありますが、新規顧客か既存顧客か判断ができるのは社内データです。つまり、双方の顧客IDを統合する必要があるのです。

　社外データが示しているAさんは、顧客IDを統合すれば社内データではXさんであり、そうするとXさんは新規顧客か既存顧客かが分かります。ただ、Aさんのままでは分かりません。このデータのひも付けは若干大変ではあるのですが、大変だからといって、やらなくていいわけではありません。そうした線引きをせず、やるべきことを当たり前にやることが、「データを正しく理解し分析する」ことといえるかもしれません。

　では、もう少しブレイクダウンした例を見てみます。

> 例　「新規顧客のCVRが下がっている＝新規顧客にとってサイトが使いにくくなっている」と解釈して、サイト改善の施策を考え始める

　こちらの例では、顧客全体のCVRの低下から、新規顧客のCVR低下まで、対象顧客を絞り込んでいます。でも、"新規顧客のCVR低下"くらい大まかな粒度のデータ理解しかできていないなら、まだ施策を考え始めるステージにありません。サービス全体の中で、どのプロセスのCVRが下がっているかを徹底的に掘り下げるべきです。データに分け入っていけば、どこに問題があるかが必ず分かります。

　例えば次のような観点で細かくデータを見ていくと、問題の発生箇

所を突き止められます。

- CVRが下がっているのはどのチャネルか？
  - PCサイト、スマホサイト、スマホアプリ
- CVRが下がっているのはどの顧客か？
  - トップページを訪問した顧客なのか
  - 商品ページを訪問した顧客なのか（一休でいえば「○○旅館」など具体的な宿名で検索する顧客）
  - 商品リストページを訪問した顧客なのか（一休でいえば「箱根　旅館」などエリア名で検索する顧客）
- CVRが下がっているチャネルと顧客を特定できたら、その顧客はどのプロセスで離脱しているのか？

……これくらいまで細かい粒度で理解できれば、「その顧客がそのプロセスで離脱するのはなぜか？」を具体的に考えることができるようになります。データとは、ある事象が起きたとき、徹底的に因数分解していくことで「どこが問題か」をドンピシャで教えてくれる存在なのです。逆にこちらが分解せず、全体や平均で捉えている限り、問題の真因は分かりません。真因を突き止めもせず、すぐに「CVRが下がった、皆でミーティングして改善案を出そう！」となりがちですが、それはよくない風潮だと思います。会議を設定する前に、まだまだやるべきことがあります。

間違ったデータドリブン
③-ii) 些末なテーマにフォーカスしている

次に、データドリブンではあるけれど、意味のない活動になってい

るケースを紹介します。これは、データ分析が十分すぎるほど行われているような、データ分析が得意な組織で起こりがちです。例えばサービス改善の施策を考えるシーンにおいて、顧客感覚をベースにすれば改善方法が明白（例：Webサイトやアプリの画面上で、決定ボタンを左側に配置するよりも右側に配置するほうが明らかに使いやすいシーンなど）なのに、A/Bテストをわざわざ実施して検証している、といった場合です。

　ソーシャルゲームを製作・運営する企業のように、会社全体がテクノロジー主導型でエンジニアの部署がしっかり機能していると、データ主導の意思決定が当たり前のように重要視されています。それは良いことですが、それだけに「定性的な顧客理解」に注意が向かない傾向があります。定性的な顧客理解とは、顧客感覚とも言い換えられると思いますが、要は「普通の感覚」ということです。

　先の左右ボタンの例のように、右利きの人ならよく使うボタンは右にあったほうがいい、というのは少し考えれば分かるはずです。なのに、何でもかんでもデータドリブンにしてしまう。それが、些末なテーマにフォーカスしてしまう誤ったデータドリブンです。

　どのみち予想通りの結果が出るでしょうが、データドリブンにするのは、一定の労力がかかる活動です。すべてをデータドリブンにすればいいわけではなく、関係者の多くが「人間の自然な行動としてこちらの選択肢が妥当」だと思う事象ならデータ分析は省いていいと思います。

　なぜ、そのような考え方ができないのかというと、主にデータを扱

うデータ人材は定性的な顧客理解が苦手な傾向があり、「データがすべて」という考え方に傾倒しがちだからです。それは悪いことではないのですが、定性的な顧客情報やドメイン知識に欠けていると、何でもA/Bテストで検証するのが当たり前になり、検証するテーマ自体に対しては思考停止になってしまうのが問題です。そこはマーケティングや事業部門のメンバーと連携して「データドリブンにすべきテーマ」をすり合わせていくのがいいでしょう。

▌間違ったデータドリブン
③ーⅲ）データを都合よく見ている

では3つ目に入ります。これは、特に大企業に"あるある"な話です。データドリブンを実践していると思っている企業が、実はこうした事態に陥っていて、貴重なデータのポテンシャルを生かすどころかマイナスに働かせてしまっている状況をよく目にします。

これは前述のように、そもそも都合よく見ていることに気付いていない場合と、気付いていながらやっている場合があります。いずれにしても誤りで、大きな損失につながってしまうことも多いので、注意深く避ける必要があります。

本書の前提として、データは顧客とイコールであり、客観的で定量的な情報だと提示しています。そもそも**あらゆるデータはニュートラルに、中立的に見ないと意味がありません**。売上の数字が減っているのに「増えている」という見方やプレゼンはできませんし、逆もしかりです。そう考えると、「データを都合よく見る」というのはありえないのでは、と思う方も多いかもしれません。

ですが、実際には、同じデータをもとにしているのに「データを都合よく見る」ことによって正反対の結論が導かれることがあります。しかも、そのようなケースはあらゆるビジネスシーンで発生しています。そこには、都合よくデータを切り取るケースと、都合がよい指標を評価指標にするケースなどがあります。ⓐ〜ⓓは、具体的に個別事例を紹介してみました。

- 都合よくデータを切り取るケース
  - 例：事業がうまくいっている／うまくいっていない …… ⓐ
  - 例：施策の成果が出ている／出ていない
  - 例：今後、市場は成長する／成長しない …… ⓑ

- 都合がよい指標を評価指標にするケース
  - 例：広告効果などにおける、認知 vs. 売上 …… ⓒ
  - 例：予約金額 vs. 予約純増金額 …… ⓓ

ⓐ 事業がうまくいっている／うまくいっていない

　ここで述べる状況は、日本企業で特に多く起きています。自覚されていることもあれば、無自覚な場合もあるでしょうが、次のようなケースを体験あるいは見聞きしたことはないか、ぜひ振り返ってみてください。

　例えば事業部長から社長へ、次のような説明がなされていました。

部長：
「事業全体としては成長できておりません。ですが、今期に行ったクーポン施策が奏功しています。前月対比で＋〇％にあ

> たる□人の新規顧客を獲得でき、顧客1人あたりの獲得単価は
> △円です。赤字での顧客獲得ですが、過去の顧客の継続利用状
> 況を踏まえると、十分黒字化が見込めます。なので、将来的に
> は成長が見込めます」

　……どこに問題があるか、お気付きでしょうか。大枠として「将来的には成長が見込めます」という結論に向かって文脈が構築されています。それを達成するために、今回獲得した新規顧客が、将来も継続的に購入して黒字化する、という都合のいい前提で話が進んでいます。

　そもそも「事業全体としては成長できていない」なら、この事業はあまり顧客に喜ばれていないことが示唆されており、そのような厳しい状況なのにクーポンを配るだけで事業が成長に転じる、というストーリーは現実的ではありません。

　しかし、なぜこうした説明になるのかというと、**「うまくいっている」という報告をすることがまず決まっているから**です。これが、私のいう「結論ありきで」「都合よく切り取る」、自称データドリブンです。その結論になるようにどう取り繕うか、**データに基づく報告ではなく「ストーリーの構築」になってしまっている**ことが、**極めて大きな問題**です。そして部長がちょっとプレゼン上手で、社長にデータへの苦手意識があったりすると、この説明で簡単に説得できてしまうのです。

　本来、「事業全体として成長できておりません」ということなら、「なぜ事業が成長していないのか」を説明すべきです。それなのに、今行っている施策が奏功している前提で「なぜ事業がうまくいってい

るのか」という論点にすり替えられています。これもあらゆるビジネスシーンでよく見られる「結論ありき」のプレゼンテーションで、油断するといつの間にか、無意味で真逆の論点を議論することになるのです。

　特に、このような説明を経営陣が見抜けないと、経営が危ぶまれるのはいうまでもありません。人間は、都合のいいことに惹かれてしまうので、"いい報告をしたい部下"と"いい報告を聞きたい上司"という普遍的な関係が大きなボトルネックになっている側面もあります。それも加味して、自分の見方にバイアスがかかっていないか、フラットに見ることに努める必要があります。

ⓑ 今後、市場は成長する／成長しない

　市場成長の例でいうと、次のような説明がなされていたりします。海外旅行の企業買収を検討しているケースを想定します。こういう場合、たいてい担当者は「企業買収を会社に承認してほしい」と思っています。その説得材料として、コロナ禍による落ち込みから一転して上昇傾向になっている海外渡航者数のグラフを示して「海外旅行の需要が戻ってきている」と説明すれば、経営陣も説得されてしまうかもしれません。

　実際に海外渡航者数は増えていますが、細かく見ていくと増えているのは欧米などへの長期で高額の旅行市場ではなく、韓国・台湾など近場のアジア圏に数日遊びに行く人が大半で、単価が段違いに低いのです。これでは「元のように戻りつつある」とはいえません。「市場」とはつまり金額なので、海外旅行市場を分析するには、人数で比べても十分ではないのです。

　ここでは海外旅行市場が成長するのか、しないのかをフラットに検証することが、データドリブンの目的です。市場が成長してほしいという願望を持つのは構わないのですが、検証自体はフラットでなければいけません。そうでないなら、データドリブンにする意味がないのです。

ⓒ 広告効果などにおける、認知 vs. 売上

　本来の目的が達成されなかったとき、別のプラスに転じている指標を持ってきて、話をすり替えてしまうこともよく散見されます。例えば、売上向上の目的で投下した広告の効果検証をする際に、売上が動かなかったために売上のデータは出さず、上昇した認知率のデータを提示して「認知が上がったので効果があった」と説明する……などです。私自身、こうした場面に遭遇したことがあり、耳を疑ってしまいました。

　もちろん、もともと認知率の向上を目的としていて、それを指標に効果検証するなら正当です。問題は、データの切り取りと同様、指標を「結論ありき」で替えてしまうことです。

ⓓ 販売額 vs. 実販売額

　これはⓒより少し複雑ですが、一見妥当に見えてしまう悪しき慣習だと思うので、紹介します。ここでいう実販売額とは「実販売額＝販売額－キャンセル・返品額」と定義します。例えば、一休のような旅行会社では、いったん販売が成立しても、その後にキャンセルになったら実入りは当然0円になります。なので、事業目標を販売額とするのではなく、販売額からキャンセル・返品額を除いた実販売額としています。キャンセルや返品が多い業界、もしくは資金回収が不確

実な業界などでも同様に、実販売額を目標としていることが多いと思います。

　ところが、ある事業会社の社長が「販売額」の伸びをあたかも自社成長の証のように公表しているケースを目にしました。これには驚きました。評判によると、裏側では相当数のキャンセルが入っているにもかかわらず、あまりに堂々としていたからです。おそらく、キャンセル額を除かないほうが事業が大きく見えるとか、そちらの数値のほうが高成長に見えるなどの理由があったことが推察されます。

　都合のよい指標を社外に公表するだけならまだいいのですが、さらに問題なのは、社内の目標にもその数値が使われやすいことです。一般的には「社外への公表数値＝社長の目標」となってしまうので、それがいつの間にか「社長の目標＝社員の目標」となり、その都合のよい指標を全社員で目指すことになってしまうのです。

　こうしたことが、結果的に社員に無意味な活動を推進することにつながります。後で返品されると分かっていても期末に在庫を押し込み販売したり、資金回収に疑いのある取引先に販売を強化するというのがその最たる例です。これらは果たして、企業の大きな目的である顧客への貢献と事業成長に結び付くのかというと、答えは明白です。

2.2

データドリブンを阻む3つのワナ

▌データドリブンの実践に足りないもの

日本企業でデータドリブンが機能していない3つのケース、特に「自称データドリブン」の誤りを解説してきました。振り返りになりますが、それぞれで何が不足しているのかをまとめておきます（**図2-1**）。

① 見たいデータが見られない
　← データを整備するケイパビリティ不足
② 見たいデータは見られるが、活用されていない
　← データを分析するケイパビリティ不足
③ データは活用されているが、正しく活用できていない
　← データをニュートラルに見る姿勢の欠如

この不足部分を補完すれば、正しいデータドリブンの実践に向けて前進できるのですが、なかなか進んでいないのが実態です。

それは、なぜなのでしょうか。思うにいくつかの構造的な問題が、日本企業には横たわっているようです。データドリブンを阻むワナについて解説していきます。

	データドリブンが 機能しないケース	データドリブンが 機能しない要因
① 見たいデータが 見られない	• 事業構造が複雑で、データ構造が難解 • さまざまな要因で、顧客データの統合が難しい • データは集約できるが、タイムリーなデータ確保が難しい	◀ データを整備する ケイパビリティ不足
② 見たいデータは 見られるが、 活用されていない	• 結局、勘と経験により意思決定される • 定量的な顧客理解よりも、定性的な顧客理解により意思決定される	◀ データを分析する ケイパビリティ不足
③ データは活用 されているが、 正しく活用 できていない	• データの理解が不十分 • 些末なテーマにデータを活用 • 見たい景色を見るためにデータを都合よく見ている	◀ データをニュートラルに見る 姿勢の欠如

① 見たいデータが見られない
← データを整備するケイパビリティ不足

　データドリブン化に向けて見たいデータが見られないのであれば、その主要な要因として、**データ整備人材の不足**が挙げられます。データを整備し、分析可能な状態にするためには、データ関連のスキルセットを持ったプロフェッショナルが不可欠です。その方々はデータの収集、クリーニング、日々のデータ更新といった一連のプロセスを通じて、データの品質と利用価値を高める役割を担います。

　このようなデータ専門家の不足を解消するためには、社内にデータに明るい方がいれば、その方を育成することでデータが整うかもしれ

ませんし、社内で補えなければ社外のリソースの活用も考えられます。データエンジニアリングの専門家を外部から一時的に招聘することで、迅速に問題解決に取り組むことができます。

ただし重要なのは、これらの対策を一時的なものとせず、長期的な視点での体制づくりを考えることです。データは日々蓄積され、データを上手に活用できるのであれば、**蓄積されたデータの価値は加速度的に増えていきます。**そのため、継続的なデータ活用を前提に、その価値を最大限に引き出すための組織体制を当初から想定することが極めて重要です。

② 見たいデータは見られるが、活用されていない ← データを分析するケイパビリティ不足

見たいデータはあるが、そのデータが十分に分析されていないのであれば、主要な要因として、**データ分析ができる人材の不足**が挙げられます。その解消には、データサイエンティストの採用や、社外のリソースを活用して、短期間にデータ分析のスキルを高めることが有効です。例えば、専門のコンサルティング会社のデータアナリストを一時的に雇用し、既存のデータの高度な解析と、それをビジネスの意思決定に反映させるサポートを受けることができます。

データを整備し、データ分析人材も確保できたら、社内のデータ活用はどんどん進むと思うかもしれません。しかしたいていのケースでは、それだけではデータ活用はほとんど進みません。データとデータ分析人材がそろっても、「組織としての分析ケイパビリティ」にはつながらないからです。それを阻んでいる**最も大きなワナは、次のよう**

な組織と情報の分断にあります。順を追って紹介します。

a) 事業部門とデータ部門の分断
b) 事業部門と財務部門の分断
c) 定量情報と定性情報の分断

a) 事業部門とデータ部門の分断

　ビジネスサイドは知りたいこと（≒問い）は分かるが、データを出せない。データサイドはどんなデータでも出せるが、ビジネスサイドが本当に知りたいこと（≒問い）を正確に把握できていない。事業部門とデータ部門の間には、そんな状況があります。この分断に横たわっている大きな問題のひとつは、**お互いの関心や業務内容をしっかり理解できていない**ことです。

　例えばビジネスサイドは、「データを活用すれば、あらゆる問いに魔法のように答えを出すことができる」と思いがちです。背景には、データ分析・活用やデータドリブンな意思決定が、実践されているよりはるかに広く概念として世の中に広がっているため、期待だけがふくらんでデータサイドに託されている現実があります。しかもその託し方が、データサイドが正しく分かる形になっていないので、本当に知りたかったことが返ってこないケースもよく起きています。

　一方、データサイドにも、実はデータ分析結果を分かりやすい言葉で伝えられていないという問題点があります。説明を聞いても、具体的な成果としてビジネスサイドが理解できないので、活用できないのです。ただしデータサイドは「正しく要望に応えている」と思っているので、自分の仕事をビジネスサイドが理解せず、有効活用してくれ

ないと不満を感じる事態に陥りがちです。

　本質的な問題は、**ビジネスサイドがデータサイドをリードできていない**ことにあります。この状況を打破するカギは、まずビジネスサイドが「どのような課題を解いてもらえれば事業成長につながるかを考えて、データサイドに依頼する」ことです。そして、依頼したものと違うものや、事業成長につながらない答えが返ってきたら、そのすべての責任はビジネスサイドにあると思って、「依頼内容をチューニングしていく」ことです。これが「データサイドを正しくリードできている」状態だと考えます。

　そしてデータサイドも、ビジネスサイドが普段どのような観点で事業や顧客を捉えているのか（＝ドメイン知識）の理解を深めることが大事です。お互いに、歩み寄りが必要です。

b) 事業部門と財務部門の分断

　事業部門と財務部門との間にも、分断が生じています。数値の報告は、財務部門が担うことが多いですが、一般的に財務部門は売上・利益などのビジネスの結果数値にフォーカスしています。しかしこれらはあくまで結果であり、事業を改善するためのプロセス指標とは違います。

　プロセス指標とは、顧客数、購入確率、市場シェア、在庫の消化率などの売上に至るプロセスの指標です。事業を改善するにはこれらのプロセスの改善が重要ですが、これらのプロセス指標が財務部門から報告されるのは稀です。つまり、財務部門から報告されるデータをもとに事業成長を図ろうとしても、それはあまり意味を成さないのです。

ビジネスが細分化されて複雑になればなるほど、経営陣は複数の異なる事業を横並びに比較できる売上、粗利、利益などの財務データを重要視するようになります。しかし、経営陣がこれらの結果指標を理解した上で、いよいよ事業成長を図ろうと「プロセス指標はどうなっているのか」と聞いた瞬間に、財務部門も事業部門も答えられないというケースが非常に多いのです。それは、財務データを中心にしっかりデータドリブン化が進んでいる財務部門と、プロセス指標のことは何となく分かるがデータドリブン化が進んでいない事業部門の足並みがそろわず、両部門の間にちょうどボールが落ちてしまうからです。

　事業部門は、データドリブンを実践できるようにデータ部門や財務部門から手厚いサポートを受けているようで、実はあまりうまく生かせていないのです。このような状況下で、データドリブンを実践するためには、**事業部みずからがデータドリブンをリードできるように変身する必要がある**と考えています。なぜなら、"問い"が分かっている人が分析するのがいちばん的確で効率的だからです。それを可能にするのが、本書の目的だともいえます。データや財務などのテクニカルな側面で直接分析することが難しいなら、問いをデータ部門や財務部門に正しく伝え、全体をリードしていくのが理想的です。

c）定量情報と定性情報の分断
　データとデータ人材を確保しても、それが「組織としての分析ケイパビリティ」にはつながらないもうひとつの要因として「定量情報と定性情報の分断」があります。

　2.1の②の解説で少し触れましたが、本来は**データに基づく「定量的な顧客理解」**と、インタビューなどの**「定性的な顧客理解」**は両方

とも**大事**です。データに頼って、定性的なヒアリングを無視してしまうと、顧客が本当に望むものを提供できないこともあります。

　ひとつ、例を紹介します。タクシー配車アプリ会社の社長が直面し、対応したケースです。

　あるカンファレンスでその社長と一緒に登壇した際、彼は「周囲の経営者仲間からサービスが『使いにくい』といわれる」と悩んでいました。聞くと、いわゆる顧客アンケートによる評価は相当高いのに、なぜか自分の周囲の人からは酷評されるというのです。このあと社長は、酷評した人になぜ使いにくいのかをたずねました。すると多くの人が「雨の日の配車が遅い」点を指摘したそうです。それでも、顧客アンケートでは「雨の日の配車」への評価の数字が悪くないので、現場に改善の指示を出しても、なかなか改善にはつながりませんでした。

　そこで、その状況をもう少し詳しくデータで確認すると、雨の日には普段あまりタクシーを使わないライトユーザーの利用が増えるためタクシーが不足し、ヘビーユーザーが通常時に享受しているスムーズな配車体験が損なわれていることが分かりました。そして、顧客アンケートを「ヘビーユーザー」のみに絞って評価を確認したところ、「ヘビーユーザーの評価は低い」ことを突き止めたそうです。つまり、課題は「雨の日の配車」ではなく「ヘビーユーザーへの雨の日の配車」だったのです。

　定性情報と定量情報が一致しない場合、どちらかを無視してどちらかに従うのは不確実性が高く、社内の納得感も得られないでしょう。

▶ 図2-2 定量情報と定性情報は一致する

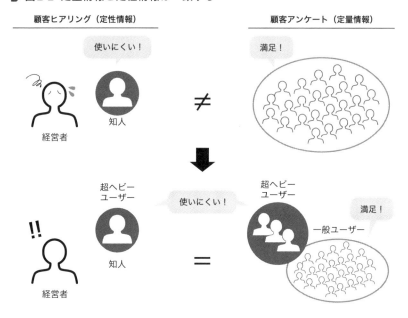

しかし、顧客インタビューなどの定性情報でマイナスの意見がある以上、データでもどこかにそれが表れているはずです。そこで、利用頻度で顧客を分けて確認し、定性情報と定量情報の一致をみたわけです（**図2-2**）。

　データでは満足度が高いのに、実際の顧客の声には酷評があることを捨て置かず、しっかりと分析していったこの姿勢はすばらしいと思います。特にヘビーユーザーはどんな商品やサービスにおいても重要で、ごく少数の人数で、大半の売上をつくっていることもめずらしくありません。しかし、顧客アンケートのように「人数」をもとにした分析を行うと、ヘビーユーザーは目立ちにくくなります。なぜなら、彼らは人数では圧倒的に少ないからです。だからこそ、ヘビーユー

ザーの情報には特に注意を払うことが重要なのです。

定量的な顧客理解と定性的な顧客理解は、どちらかしか捉えられていない、どちらかの理解が浅い、あるいは不一致を無視してしまう、といったワナに陥りがちです。この両方とも重要であり、連携して深めていくことが大事です。

③ データは活用されているが、正しく活用できていない ← データをニュートラルに見る姿勢の欠如

繰り返しになりますが、データドリブンの実践においては「中立」であることがとても大事です。間違ったデータドリブンの3つ目に挙げた「データを都合よく見ている」ような事態が起こらないようにするためには、**中立的な立場の人がデータを扱うのがベスト**です。見たい景色を見るためにデータを扱い、経営層に報告されてしまうと、企業経営は成り立ちません。もちろん経営層はそうした誤りを見抜く必要がありますが、現場の担当者や責任者と経営層との間には情報のギャップがあるため、見抜けないことも多いのです。

例えば事業責任者は、その事業を詳しく知っていますが、経営層は詳細まで知らないことが多いです。その状況で責任者が「事業はうまくいっている」というストーリーを立ててデータを都合よくあてはめて報告した場合、経営層がそのとおりに受け止めてしまうことは少なくないでしょう。

ですが、うまくいっていない状況を隠して事業を継続していくと、時間が経つほど損失が大きくなります。企業経営が成り立たないと述

べたのは、見たい景色を見ようとする人が介在していると、傷が浅い段階で経営層が的確に意思決定することができず、気付いたら危機的状況に陥ってしまうことがめずらしくないからです。

一休で、私はみずから毎週データを分析してレポートをまとめています。その理由のひとつは、中立な立場だからです。当社では前述のような間違った評価指標の設定はしていないつもりですが、他の企業と同じように現場の責任者や担当者にはそれぞれ立場（＝ポジション）があるので、どうしてもそれぞれの立場からの意見（＝ポジショントーク）が出てきます。経験不足や認知のバイアスによって、レポートが揺れてしまうこともあるので、それを防ぐためでもあります。

ただ、当社ではたまたま私が担当しているだけで、社長が行う必要はありません。ポイントは、1人の中立な立場の社員が責任をもって行うことです。中立性を筆頭に次の3つの理由から「顧客の見える化」に1人の社員が取り組むことが大事だと考えています。

- 中立性の観点
- 効率性の観点
- 生産性の観点

順に紹介すると、まず中立性の点は前述のとおりで、分析する人に何か特別な意図がある場合、分析結果が歪んでしまい、会社を良からぬ方向に導いてしまうことが多く起こるからです。どのような分析結果が出ても、その人の立場や評価に影響しない人が担当することが理想的です。

2つ目の効率性は、データは正しく分析すれば誰が分析しても同じ結果になるので、1人で分析するのが最も効率的だからです。事業が多岐にわたって、1人で分析するのが難しい場合は、事業を分担して複数のメンバーで担当すればいいと思います。しかし、ひとつの事業は1人で分析することをおすすめします。2人以上で分析すると、分割損が発生して、事業の全体像が見えにくくなるからです。

3つ目の生産性は、1人の社員が「顧客の見える化」を徹底することにより、他の全社員の顧客理解が進み、顧客にどのような施策を講ずるべきかという最もクリエイティブで付加価値の高い業務に全社員が注力できるようになるからです。これによって組織全体の生産性が高まるのです。

一休では1人の社員が「顧客の見える化」に取り組むことで、社内のありとあらゆる判断が、データに基づいて意思決定されるようになっています。社員1人の力だけで、データドリブンの意思決定ができる企業へと転換することができるのです。

また、顧客の見える化に取り組んだ分析結果のレポートは、全社員に毎週共有されています。一般的な会社では、上司 – 部下間の会議の場で「上司への数値報告」が行われることが多いでしょうが、一休ではそもそもそうしたプロセスが発生しません。なので、誰かの「見たい景色を見る」意思が挟まる余地がないのです。具体的にどのような分析を共有しているのか、その方法を次章以降で詳しく説明していきます。

誰にデータ分析を任せるか

　データドリブンを阻む3つのワナについて紹介してきました。補足として、前述の中立性に関連して、経営の立場でどの部門にデータ分析を任せればいいのかを考えてみます。前述のように、中立性を担保することを前提とした上で、大きく2つのパターンがあると考えています。

　ひとつは、**データ分析の機能を財務部門に置く**ことです。財務部門は基本的にニュートラルで、数字に忠実なバックグラウンドがあります。実際、欧米企業では財務部門がデータ分析も管掌している例がよくあり、社長は事業部門ではなく全社横断で数字を把握している財務部門からしか報告を受けないケースがあります。ある欧米企業のCEOは「事業部門のいうことは自分に都合よく語られるから」と、CFOからしか数字の報告を受けていませんでした。そしてその企業では、特に優秀なエース社員をCFOが管理する財務部門に配属し、データ分析のリーダーを任せていました。

　もうひとつの方法は、データ分析の機能を**事業部門に配置する**ことです。その際、部門長がデータ分析の役割を理解し、データを信頼していることが必要です。このケースも、欧米企業に多いように感じます。裏を返すと、ポジショントークをする必要がないような組織体制を重視しているのだと思います。

　データドリブン経営とは、欧米企業、特にテクノロジーカンパニーにおいては「ファクトドリブン経営」と等しい意味を持っていると感じます。勘と経験は、日本企業で重んじられるほどには重視されません。

数字、あるいはそれで表せるファクトは、最も信頼できて揺るぎの
ない言語です。それに合意している信頼できる人を、財務部門もしく
は事業部門に配属し、ポジショントークを避けて中立性を保つこと
が、データドリブン経営の要のひとつになります。

Column 横が強い組織、縦が強い組織

　事業部門とデータサイエンス部門の連携がスムーズにいかない理由のひとつは、データサイエンス部門が事業部門から切り出されていることです。本来、収益に影響を及ぼすことが最終目的であるならば、事業部の中にデータサイエンスのチームが組み込まれるべきです。

　組織の初期段階では、データサイエンスのチームも事業部の中に組み込まれることが多いです。これにより、収益責任のある事業部長と分析担当者との距離が近く、効果的なコミュニケーションが築きやすくなります。しかし、企業が多くの事業を抱えるようになると、横断的な支援のほうが効率的とされ、データサイエンスのチームが切り出される傾向があります。結果、ビジネスサイドである事業部門は顧客と接しているけれど、データサイドからは顧客が見えにくくなり、提案する施策が顧客から離れがちになります。

　なぜ、こうなるのでしょう。**企業が多くの事業を抱えるようになると、経営陣が全社施策を好む傾向があります。「〇〇ポイントキャンペーン！」のように、ひとつの施策で企業全体を動かすことができるからだと思います。**例えば、大手ネット企業のA社は、部門間の横の連携が重視されています。データサイエンス、マーケティング、経営企画などの支援部門が事業部門から切り離され、社長から全社施策の"お達し"が出されると、すべての部門が連携して全社施策の実行に取り組みます。この場合、組織全体としては一貫した戦略を推進することができますが、社員にとって社長が最も意見を聞くべき相手になってしまい、顧客をおろそかにする危険があります。

　一方、同業大手のB社は、各事業を独立して運営しており、各事業部が顧客に向かうことを重視した縦型の組織運営が行われています。データサイドも事業部内に組み込まれ、分析担当者と事業部長との距離が近く、事業単位での最適化が実現しています。しかし、この構造では部門間の連携は弱いため、全社施策の推進が難しい側面があります。

　理想的なのは、これら組織構造を理解し、どちらか一方のモデルを基本にして利点を活かしながらも、陥りやすい課題を回避することだと思います。

第 3 章

データドリブン
経営の本質

持続的な事業成長

顧客
（誰に）

施策
（何をするか）

顧客の理解

データドリブンを実践する組織風土

データ

3.1

「データ」とは何か

■ 数字への苦手意識を取り払おう

　前章では、日本企業によく見られるデータ活用の実態と、なぜデータドリブンの実践が進まないのかを紹介しました。本章では、「データ」、「データドリブン」、そして「データドリブン経営」の3段階に分けて、企業がデータを活用するとはどういうことか、データドリブン経営の本質をひも解いていきたいと思います。

　データというと、多くのビジネスパーソンが「小難しいもの」「自分には扱えないもの」というイメージを持たれるようです。特に数字が苦手な方は、すぐに「プログラミング言語を学ばなければならないのでは」「データ分析ができる人とどう会話すればいいのか分からない」という思考回路に陥りがちです。

　私にとってデータとは、本書の冒頭から書いている通り「≒顧客」です。自分がまだ知らない顧客の姿がたくさん隠されている、きらきらと輝く宝の山のように、私の目には見えています。そして、データ分析の手法はその宝の山からファクトベースでいろいろなことを教えてくれる、魔法のようなものだと感じています。これは決して私の個性や志向性や能力によるものではなく、誰もが享受できる感覚のはずです。そして誰もがデータドリブンを実践できるはずです。データに

向き合い、活用していく手前に立ちはだかる苦手意識の解消が、その第一歩であり、本章のゴールです。

　私は、データドリブン経営とは「ビジネスのあらゆる局面において
データ主導での意思決定をする経営」と考えています。この考えが読んでいただいている方の腑に落ちるように、書き進めてみます。

▌ データは、隠れた価値を教えてくれる

　では、まずデータとは何かを考えていきます。「データの本質とは何か」と問われるなら、それは「隠れた価値を教えてくれる」ことだと思います。

　会社には財務データ、従業員データ、顧客データ、市場データなどさまざまなデータが存在していますが、経営という観点で最も注目すべきデータは、顧客行動データです。例えば「お店に来訪した」「商品を閲覧した」「購入した」といった顧客の行動データは、その背景に大きな価値を有しています。適切に分析することで、顧客がなぜそのような行動を取るのか、メカニズムを教えてくれるからです。

　適切に分析といっても、何も複雑な分析ばかりではありません。ごく単純な例でいえば、特定の顧客層に特定の商品のプロモーションを送り、購入者が増えたら、プロモーションの何らかの工夫が有効だったと分かります。では、そのときプロモーションにどのような工夫をしたのか、文章なのか特典なのか割引なのかと施策に立ち返ることで、何が顧客の背中を押したのかを検証できます。つまり**顧客行動データは「顧客行動の隠れた価値を教えてくれる」**という、企業に

とって最も興味深いことを提示する大きな可能性を秘めた情報だといえます。

　顧客行動から読み取れることは、本当にたくさんあります。皆さん、顧客のニーズや好みや気持ちを知るには「アンケートなどの調査が必要」と思われているかもしれませんが、ただ顧客が来訪したり購入したり買い物かごから削除したりするデータからも、顧客はいろいろなことを教えてくれています。先のプロモーションの例でいうと、単純化すれば、以前のプロモーションよりも今回のほうが顧客の背中を押した、なども分かります。これはつまり「どっちが好き？」と問いかけて「こっちが好き」と答えてもらったようなものです。

　それが私にとってはとてもおもしろく、いつも興味深いと感じているところです。顧客行動データに向き合うとき、私は一人ひとりの方と会っているわけでもインタビューをしているわけでもありませんが、まるで会話をしているように思うことがあります。データから、顧客の姿が見えてくるのです。

■「データを見る目」は必ずしも要るわけではない

　そんな話をすると、決まって「それはデータを見る目があるからだ」「センスや経験があるからだ」と返されます。確かに、そうした要素が必要なデータ分析もあります。例えば、あるデータ群を前に、何かおもしろいことや事業成長のヒントが隠れていそうなことを見つけなさいといわれたら、それは「顧客データをどう切り取るか」のセンスに依存するため、難易度はやや高いでしょう。

　ですが、そうではないタイプの「データへの向き合い方」があります。誰が見ても、データから「顧客の気持ちはこっちだ」と分かるものです。「データを見るにはセンスや経験が必要」とよく聞きますが、そうではないことも多いのです。

　その代表例が、非常に一般的な「A/Bテスト」です。例えばデジタル広告で、クリエイティブの異なるAとBを同じ条件の2つの顧客群に配信したとき、Aのほうが明らかにクリックされていたら、誰が見ても「Aのほうが効果が高い＝顧客が好んでいる」と分かります。

　これはあまりにも簡単な例ですが、AとBのどちらが好みか、というのは目に見えるクリエイティブだけでなく、アルゴリズム（計算方法）などにもあてはめて考えることができます。

　例えば一休では、一人ひとりの顧客に最適な提案ができるよう、サイト内検索などのパーソナライズを進めています。パーソナライズに関してモデルAとモデルBという異なるアルゴリズムがあるとき、それぞれ同じ条件の2つの顧客群に適用すると、顧客がどちらをより好んでいるかが分かります。

　ここでの顧客の好みとは、より「自分の求めていた結果を表示してくれたか」であり、言い換えるとどちらのモデルがより「それぞれの顧客に合った選択肢を提示できるか」ということです。それは数字で判断できるので、結果をみれば、モデルAとモデルBのどちらを導入すべきかは誰でも分かると思います。

データというファクトをもとに"妄想"する

　このような、施策への顧客の反応を注意深く観察すると、顧客はいろいろなことを教えてくれているのだと分かります。例を挙げると、次のような項目です。

- どのような「顧客」にとって、どのような検索結果が最適なのか？
- どのような「エリア」では、どのような検索結果が最適なのか？

　顧客がどのような検索をし、どの選択肢をクリックしたか、それが購入に至ったかどうかはすべて顧客の行動データです。その背景には必ず、顧客の心理があります。そこから、ではなぜこれがいいと思ったのだろう、なぜヘビーユーザーの選択はこういう傾向で、ライトユーザーの選択はこのような傾向なのだろう、と問いが広がっていきます。そこから仮説を見いだし、検証へとつなげていくのです。

　例えば一休には、次のような傾向があります。

- 頻繁に利用するヘビーユーザーの場合、過去に泊まった宿と同じ宿に泊まりやすいが、一休をあまり利用しないライトユーザーの場合は、前回泊まった宿とは違う宿に泊まりやすい
- 「箱根」のように都心から比較的近くて行きやすいエリアでは、前回泊まったときと同じ宿に顧客が泊まりやすく、「沖縄」のように頻繁には行きにくいエリアでは、前回泊まったときとは違う宿が好まれる

前者だと、ヘビーユーザーは同じ宿をリピートしやすいので「過去の宿泊履歴をもとにしたリコメンドがよく効く」という傾向もあります。これはデータから分かるファクト、つまり事実です。なぜそうなのかを考えると、単純にヘビーユーザーはこれまでたくさんの宿に泊まってきて自分の満足度が高い宿が分かっているから、そこを選択しやすいのではという仮説が立てられます。

また、年間100万円以上使う超ヘビーユーザーが伸びているのもファクトです。その理由を考えると、高級な宿に頻繁に泊まる超ヘビーユーザーにとって、カジュアルな宿が検索結果に含まれると煩わしく感じるので、そうした宿が少ない一休が好まれるのだろうと想像できます。これらはあくまで、私の妄想です。ただし根拠のない妄想ではなく、いわば「データが教えてくれた妄想」です。**データに基づいた推測なので、センスや能力によらず再現可能**だと考えています。

仮説の検証に関しても、その仮説を確かめるにはどのようなファクトがあればいいかを考え、見方を変えてデータを分析したり、該当する顧客に直接ヒアリングしたりします。そのような「データ⇔検証」の行き来を経て、"妄想"の確度がどれだけ高いかを確かめていきます。確度が高ければ、それを前提として有効な施策を検討します。

データを漠然とではなく細かく確認し、それにインスピレーションを得た"妄想"は、いわゆる妄想という言葉が持つ個人的な夢物語のようなものとは違います。**ファクトに立脚しているので、仮説が見えた時点である程度は細かい粒度の施策に落とし込める**のです。すると投資も少なく済み、見当が外れたときのリカバリーの労力も抑えられ、スピード感をもって改善できます。

このようにして、顧客から教えてもらった隠れたニーズを、サービスの中に織り込むことに日々取り組んでいます。

■ データは共有資産であり、酸素のようなもの

　顧客行動データは、本当にたくさんの示唆を見いだすことができる、企業にとっての大事な共有資産です。それは全社員で共有すべきものであり、まるで酸素のようなものだとも感じています。酸素を企業内にふんだんに取り込んで、新陳代謝を促し、活動を活性化していくのです。

　補足ですが、デジタルネイティブである若い人は、データへの向き合い方が上手な方が多い印象です。ただ、残念なのは彼らの気付きや提案に、データに苦手意識を抱える上長や上層部が興味を持てず、理解もできずに拒絶してしまうことです。それが続くと、データから何かを見いだそうという姿勢自体が薄れてしまいます。

　データを十分に活用できていないのに、機密情報だからと現場が触れる範囲を制限している企業は少なくないようです。本当に機密のものを除いて、現場がどんどん触れるようにするほうがいいと私は思います。**データは企業の共有資産と位置付けて、ちょっとした気付きから分析していくことを現場に促し、「こんなことが分かりました」と事業責任者や社長に気軽に伝えられる環境が望ましいです。**そうした声が上がってきたら、まずその姿勢を肯定し、興味を持って理解しようとする。少なくとも、よく分からないままに否定はしない。そんなサイクルが各所で回るようになれば、データを十分に活用できる企業の体質が養われていくと思います。

3.2

「データドリブン」とは何か

■ データドリブンとは、データ主導で「意思決定」すること

次に「データドリブン」とは何かを考えます。データドリブンとは「データ主導で意思決定すること」に尽きます。逆にデータドリブンではない状態は、データの敵である「直感」で意思決定することです。

たびたび触れていますが、データドリブン経営は、決して定性情報を軽視しているわけではありません。定量と定性、どちらも大事です。ですが、どちら主導で意思決定すべきかというと、**定量主導のほうが定性主導よりも明らかに良い意思決定ができる**、という考えがベースにあります。理由は、定量情報は次のような利点があるからです。

- 網羅性：顧客全体を包括的に理解することができる（顧客の全体像を理解しやすい）
- 緻密さ：一人ひとりの顧客を緻密に理解することができる
- 客観性：数字は誰もが同じ理解ができるため、コミュニケーションが容易
- 再現性：データに基づく意思決定方法を定めれば、誰でも同じ意思決定ができる

こうした利点があるので、意思決定をする際には定量情報が最も信頼できる情報になると考えているのです。

　例えばひとつ目に挙げた、顧客の全体像の理解を考えてみます。あるeコマース企業で、年間で10万円以上使って下さる顧客を「ヘビーユーザー」と定義していたとします。今後の戦略を立てる上では、当然ですが「今、ヘビーユーザーは何人いるのか」が分からないと手の打ちようがありません。数値で見えないものは、改善できないのです。その割合が徐々に下がっているなら、ヘビーユーザーの減少が喫緊の課題として、打ち手を考えていくことができるでしょう。「何となく下がっているっぽいから、何とかしろ」という指示では、現場は動けません。

　加えて2つ目の緻密な理解についても、顧客全体が数字で可視化されていれば、全体からブレイクダウンする形で1人の顧客までズームして観察することができます。例えば一休では、あるユーザーが今このページを見ていて、この商品を購入する確率は何%、といったことをつぶさに把握しながらサービスを提供しています。そうした**個別の顧客（虫の目）と顧客の全体像（鳥の目）を行き来する**ことで、サービス全体を俯瞰して軌道修正するようにしています。

　そして3つ目、4つ目は言わずもがなですが、**データは客観的な情報なので、皆の共通言語、絶対言語になります。**数字を拠りどころにした意思決定は、勘や経験、感覚といった属人的な要素と違って、納得感と再現性があります。

なぜ、データドリブンではない意思決定がなされるのか

　先ほど挙げた4点に対して、だがしかし定性情報が優位なのだ、優先すべきだとおっしゃる方はあまりいないのではないかと思います。それでも、データの敵である直感に従って意思決定を下す経営層は、極めて多いのです。理由は簡単で早いからであり、「データよりも私の直感のほうが正しい」と信じているからです。特に日本企業では、直感のベースとなる業界の慣習、経験則、顧客感覚などの定性情報を重視した意思決定が広く行われていると思います。

　では、なぜデータドリブンではない意思決定がされることがあるのでしょうか。それは「定量情報 ≠ 定性情報」という状態が起きている、すなわち定量と定性のアンマッチがひとつの原因だと考えています。この場合、「データだけに頼るのは危険」と解釈し、経験則や顧客に対する感覚などの定性情報を重視して判断を下すことが多いのです。

　例えば顧客データ分析（≒定量的な顧客理解）をレポートされた際に、それが経験則や顧客に対する感覚などに照らし合わせて「ピンとこない」と感じたことはないでしょうか。

　本質的には、見ている顧客は同じなので、「定量的な顧客理解＝定性的な顧客理解」となるはずです。定量的に分析しても定性的に分析しても、同じ結論に至るはずなのです。それが異なる場合は、どちらかがおかしい、ということになります。

このとき、とるべき策はひとつです。データ分析を掘り下げることです。その結果、定性理解に合致する分析結果になることもありますし、定性理解が間違いであったことを証明する分析結果になることもあります。最終的には、**思い込みや勘違いでない限り、2つの情報は一致する**のです。

　多くの場合、その一致に漕ぎ着けるまでの過程がまた、たくさんの顧客インサイトを教えてくれます。例えば、全体ではCVRは下がっていても、分解してみるとCVRが上がっている顧客層とCVRが下がっている顧客層が存在していたりします。データを細かく分けて観察してみると、まったく違う結果が得られるのがデータ分析です。

　2章でもCVRの例を紹介しましたが、全体のCVRは下がっているのに、現場の肌感では「何だか好調」という手応えがある場合、データを全体的に見ている限り、定量と定性は合いません。このとき、何かがおかしいと考えてデータを掘り下げていくか、好調という肌感に頼って打ち手を講じずにいるのかで、数カ月後の業績は変わるでしょう。

　このケースだと、CVRをヘビーユーザーとライトユーザーで分けて見ると、前者は上向いているが後者がそれ以上に落ちている、といったことが分かったりします。いくつかの軸で分解して確認していけば、必ず「上がっている層」と「下がっている層」があるはずです。現場は、単に「上がっている層」に目が向いているから、好調だと感じているだけなのです。

　顧客の定性理解と定量理解が不一致の場合、定量理解のほうが間

違っている場合がほとんどです（もちろん、顧客インタビューなどで顧客の定性理解に努めていることが前提ですが）。要するに、データ分析結果が、経験則や顧客に対する感覚などに照らし合わせてピンとこない最大の原因は、データ分析の掘り下げが不十分であることが多いのです。これができるかどうかが、データドリブンで意思決定できるか、データを「参考程度」に勘や経験に基づいて意思決定するか、の最大の分かれ目だと思います。

　こうして掘り下げられたデータ分析こそが、十分信頼に足るデータ分析であり、データ主導で意思決定できる状態といえます。

3.3

「データドリブン経営」とは何か

▌経営とは、「誰に何をするか」

データについて、またデータドリブンについて紹介してきました。では、本書を貫くテーマである「データドリブン経営」とは何かをひも解いていきます。

「経営」とは結局のところ、「誰に何をするか」ということに尽きます。どの企業にも持続的な事業成長のための経営戦略があり、いろいろな施策が立案・実行されていますが、**良い戦略は「誰に何をするか」が明確**です。

つまり、次の2つが明確化され、その上で実行されています。

- 誰に：自社のサービスを最も喜んでくれそうなターゲット顧客を見極める
- 何をするか：ターゲット顧客が喜んでくれそうな商品やサービスを提供すること

経営は、いってしまえばこの数行に集約されます。そして、これらを見極めるためには、顧客を"徹底的に"理解することが最も大事になります。

2章で挙げたタクシー配車アプリの例では、全体では好調なのに不満の声を上げている一部の顧客に注目し、打ち手を講じることができましたが、あのようなケースは実はあまり多くないのです。ほとんどの場合、経営レイヤーで語られる会話からは「誰に」つまり「顧客」が抜けがちです。代わりに第一の関心事となっているのは、「何をするか」です。例えば業績が厳しくなってきたとき、何が売れていないのかに真っ先に注目します。定番商品が落ちているなら、どのようにして定番商品をもっと販売するか、あるいは、どのようにして次のヒット商品をつくるか、という発想になりがちです。

　この会話に、実は顧客は存在していません。どのようにして定番商品をもっと販売するか、という論点は、どのようなプロモーションを実施するか、などのマーケティング施策に議論が進みがちですし、どのようにして次のヒット商品をつくるか、という論点も商品企画の議論に進みがちです。いずれも、「誰が」商品を買わなくなったのか、という最も大事な論点がスッポリと抜け落ちるのです。

　「誰に何をするか」をどの順番で、どんな観点で考えていくかというと、まず「誰に」から考えます。誰が買わなくなったのか、その顧客はどのような商品を買わなくなったのか、その顧客がその商品を買わなくなったのはなぜか……という順番で思考をめぐらせます。そうしたことを考えながら仮説を立てて分析し、方針を立てるのが、すなわち「戦略」です。「何を」だけでなく、しっかりと顧客を見つめて「誰に」から始めることが、あるべき戦略だと思います。

常に、最初の問いは「誰に」になります。それがないなら、何をするかを決めても仕方ありません。人に喜んでもらうことを考えているのに、あげる相手が決まっていないまま「そうだ、花束を贈ろう」と決定することはないでしょう。喜ばせたい相手がいて、その人が喜んでくれるだろうと思うから花束を買うわけです。それなのに「花束を贈ろう」ということだけを先に決める企業が多いように思います。「何を」だけで、経営の意思決定がなされています。

▌顧客拡大による事業成長の理想的な形

　「誰に」は、絞り込むほど顧客の姿が明確になり、「何を」も的確に導き出せます。しかし多くの場合、ターゲット顧客を広く設定しがちです。理由は、多くの顧客に自社の商品を買ってほしいからです。

　仮に日本において過半数のシェアをとっているサービスなら、ターゲットは全国民といってもいいですが、ほとんどの企業は過半数のマーケットシェアを持っているわけではないので、全国民をターゲットにするわけにはいきません。顧客を漠然と捉えて不明瞭な提案をするのではなく、細かく捉えて的確な提案をするために、しっかりとターゲット顧客を絞り込むことが重要になります。

　コンサルティング会社勤務時代に、よく「ターゲット顧客を決めることは、ターゲットしない顧客を決めることだ」といわれました。ターゲット顧客を決められないなら、ターゲットしない顧客を決めることでも考えていけると思います。いずれにしても、ターゲットもノンターゲットも決めないと、顧客への訴求力はどんどん弱まります。

　理想はAmazonのように、小さいターゲット顧客層から徐々に拡大していくことです。もともとAmazonは書籍しか取り扱わず、しかも自社で在庫を持たない卸売業でした。それが在庫を持ち始め、顧客のニーズに応えてCD、家電、生活雑貨などを扱うようになり、ひいては生鮮品まで販売しています。

　このように、小さなニーズに応えながらサービスの幅を広げ、それとともに徐々に顧客基盤を拡大していく事業展開は理想的ともいえます。逆に、まだ顧客基盤が盤石でなく規模も小さいのに、ターゲット顧客だけ大風呂敷を広げて現状に見合っていない場合、顧客に対して不明瞭な提案しかできず、事業の拡大は難しくなると思います。

　今一度、強調しておきたいのは「誰に」が重要だということです。私から見ると、**どんな企業や事業の成長戦略や競争戦略でも、その9割くらいは「ターゲット顧客は誰か」で決まっています。**

　ただ、ターゲット顧客は誰かというと、一般的には皆さん会議室でブレストをし始め、何となくの顧客理解でターゲット顧客やペルソナを定めて、大半の時間を施策の議論に費やしてしまう。これは非常にもったいないことです。今、誰が買ってくれているのか、誰がもっと買ってくれそうなのか、その顧客はなぜもっと買ってくれそうなのか、などのターゲット顧客についての論点をデータ分析を活用してシャープに掘り下げていく必要があります。ターゲット顧客がシャープに決まれば、どのような施策を実施すべきかはおのずと浮かぶので、考える必要はほぼないのです。

データドリブン経営とは、
どの局面でもデータ主導で意思決定をすること

データはほとんど顧客そのもの、と繰り返し書いてきました。だから私は、常にデータに向き合っているのです。一休のようなeコマース企業では、顧客行動はすべてデータとして残っているので、朝から晩までデータを見て「誰に何をするか」を考えています。

朝から晩までデータを見ているというと、私のことを変わった経営者だといわれる方も多いです。これまで何度もそのような目で見られてきましたが、私に言わせれば「顧客≒データ」なので、「データを見ていない経営者＝顧客を見ていない経営者」となり、私にとっては大

▶ **図3-1 データドリブン経営のための「必要条件」**

**会社の誰かが、顧客行動データをよく見て
社内に共有すること！**

● 一休では、**私が朝から晩まで顧客行動データを見ている**ことが多い

　▪ 今、事業がどのような状況なのかを分析し、全社員にレポート（見える化）

　▪ どのような施策を顧客に実施すべきか、の示唆を全社員にレポート（施策化）

● というと、よく「変わった経営者ですね」といわれますが……

　▪ **顧客行動データを見ていない経営者のほうが変わっている**、と思う

　▪ GAFAM では、顧客行動データをガン見している経営者ばっかり！

問題なのです。経営者みずからデータを見る必要があるとは思いませんが、少なくとも分析担当者とタッグを組み、「データ＝顧客を見ている経営者」であるべきだと思います（**図3-1**）。

　経営とは「誰に何をするか」だと述べましたが、その前提でデータドリブン経営とは何かというと、「ビジネスのあらゆる局面で、データ（≒定量的な顧客理解）主導で、誰に何をするのかの意思決定をすること」だと考えています。まとめると、次のようになります。

> - データとは……隠れた価値を教えてくれるもの
> - データドリブンとは……データ（≒定量的な顧客理解）主導で意思決定すること
> - データドリブン経営とは……ビジネスのあらゆる局面で、データ（≒定量的な顧客理解）主導で「誰に何をするか（＝経営）」の意思決定をすること

　テクノロジーの発展は目覚ましく、今や多くの企業にとってデータの活用は十分に手が届くものになっています。これだけデータが使えるのですから、データに基づいてビジネスをしていくのは必至です。かつてこれほどデータが使えなかったときは、勘や経験、感覚で「誰に何をするか」の意思決定をしていたわけですが、今は違います。データを味方に、より客観的な経営ができるようになっています。

　加えて、デジタルを前提とする企業が台頭してきたことで、競争環境も大きく変わっています。伝統的な経営にとらわれていると、どれだけ経営資産がある企業でも、あっという間に足をすくわれる可能性があります。

Column　なぜ欧米には「語れるエンジニア」が多いのか

　GAFAMなどの欧米企業のプレゼンテーションを見ると、プレゼンターである経営陣が事業のビジョンや戦略を語り、プログラムの裏側を説明しながら、プロダクトのデモンストレーションまですべて1人でこなすことが多いです。しかも、「エンジニア≒コミュニケーションが苦手」といったイメージはなく、聞き手に向かって朗々と語っています。日本の場合は最初のさわりだけ経営陣が説明し、戦略は事業部長、テクノロジーはエンジニアが説明する……といった形で分業するプレゼンテーションが多く、欧米とは大きく異なります。

　なぜ、このように違うのでしょうか。日本では、経営陣はコミュニケーション能力が高く戦略は語れるけれど、テクノロジーの詳細は分からない。エンジニアはテクノロジーの詳細は語れるけれど、戦略は語れない、ということが多いからだと思います。一方、欧米では、コミュニケーション能力が高いだけでなく、テクノロジーにも精通している人が重用されています。**今、グローバルで勢いよく成長している企業はいずれも「テクノロジー・ベースド・カンパニー」です。**そのため、**経営陣はテクノロジーに明るくなければ生き残っていけないのです。**

　この背景には、教育システムの違いにひとつの要因があると思います。例えば欧米の大学入試では、審査官はペーパーテストによるスコアを横目で見つつも、受験者がそれまでの人生で達成してきたことをベースに「大学に対してどのような貢献をできるか」を重点的に審査します。受験者は、その点について審査官を説得できなければなりません。つまりスコアという学力だけでなく、貢献する力や人を説得する力が求められます。そのため、欧米の著名な大学を出てテクノロジーカンパニーに就職するような方は皆、テクノロジーに精通しているだけでなく、行動力やコミュニケーション能力も高いのです。

　加えて、もともと多様な民族が暮らしているので、歴史的にロジカルな会話が重視されています。特に経営陣は、ロジカルな会話で相手を説得し、魅了することが必要不可欠です。一足飛びに教育システムを変えるのは難しいでしょうが、こうした違いを踏まえて社員の採用や育成に取り組むことが、データドリブンを進める一歩になると思います。

第 **4** 章

データドリブン
経営の実装

持続的な事業成長

顧客
（誰に）

施策
（何をするか）

顧客の理解

データドリブンを実践する組織風土

データ

4.1

顧客行動を見える化する考え方

▌顧客を"クリスタルクリア"に捉える

本章では、どのような考え方でデータを扱い、どんな分析をすれば「顧客行動を見える化」できるかを細かく解説していきます。

根底にあるキーワードは"クリスタルクリア"です。顧客行動をデータで細かく捉え、事業に何らかの動きがあったら、それがどの顧客行動に起因するのかをしっかり突き止めていく。そして、データに基づいて明確な判断を重ねていく。この一連を、顧客行動を見える化する独自のフレームワークを通して実践していきます。

このフレームワークは、大きく3つのグループに分けられます。

> ① 売上に至るプロセス
> ② 売上から利益に至る財務データ
> ③ 顧客のリピートプロセス

具体的に表したのが、次の図です（**図4-1**）。それぞれについて補足すると、①売上に至るプロセスとは、顧客が商品を購入するまでにどのような流れがあったのか、を指しています。例えば、自社と他社の商品を見比べてどちらの商品を買ったのか、自社の商品にどのような

▶ **図4-1 「顧客行動を見える化」するフレームワーク**

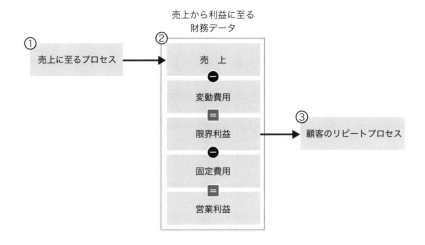

チャネルからアクセスしたのか、などの一連の顧客の行動プロセスのことです。

　②売上から利益までの財務データは、ビジネス運営の基盤となるデータで、財務部などで当たり前に管理されているでしょう。売上、コスト、利益を算出するので、収益性を評価する指標になります。

　③顧客のリピートプロセスとは、顧客単位のLTV（Life Time Value：顧客生涯価値）を指しています。②の「限界利益」から矢印を引いているのがポイントで、顧客の都度購入の利益を累積した累積利益額（マイクロ・エコノミクス）をLTVと捉えています。事業のタイプによっては、「限界利益」ではなく「粗利」や「営業利益」で計算することもあると思います。

「売上」の累積でLTVを考える例も見られますが、その場合は売上のためにかけたコストが差し引かれないので、売上は好調でも利益が実はマイナス、といったことが起こり得ます。そのため、LTVは顧客単位の累積利益額として捉えるようにしています。

「売上に至るプロセス」と「売上が継続した結果」が大事

　どの企業でも、②の財務データは押さえていても、①と③にはあまり注意が向けられていないように思います。なぜなら②の財務データは、事業のコンディションがひと目で把握しやすいことや、複数の事業を並べて比較しやすいため、経営層は財務データを議題にしがちです。しかし、**財務データをどれだけ眺めようと、売上と利益の間のコストの削減方法は検討できても、売上をさらに伸ばすことにはあまり役立たない**のです。財務データの売上は、結果数値であって、売上に至るプロセスを表していないためです。

　売上を伸ばすためには、①と③こそ重要です。売上に至るプロセスが理解できていないと、「売上を伸ばすためにどうするか」についての対策を考えようがありません。また、売上を伸ばすにしても、顧客あたりのLTVが赤字であれば、中長期的に際限なくお金がかかることになります。そのため、**持続的な事業成長を実現するためには、①「売上に至るプロセス」の理解と③「顧客のリピートプロセス」においてLTVが黒字であることが必須**なのです。

顧客行動を見える化する際に陥りがちな3つのワナ

　①〜③それぞれのフェーズで、よくある課題を見ていきます（**図**

4-2)。

①の課題：売上に至るプロセスが詳細に理解されていない

　経営者やマーケターなら誰しも、「売上に至るプロセスが大事だ」という意見には同意されるでしょう。ですが、詳細にそのプロセスを解説できる人は、数少ないと思います。

　例えば「自社と他社の商品の違いを説明してもらえませんか？」と聞かれたとき、経営者ならスラスラと答えられるはずですが、「自社と他社の商品の違いを『顧客は』どのように考えていますか？」と、主語を「顧客」にすると、答えに窮する方が多いのも事実です。他にも次のような問いが、答えに悩みやすいと思います。

▶ **図4-2　顧客行動それぞれのフェーズで、よくある課題**

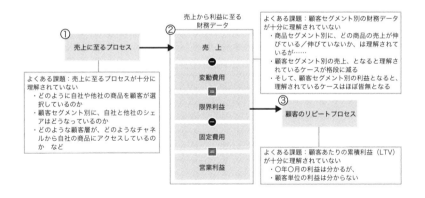

- 顧客は、どのように自社や他社の商品を選択していますか？
- 顧客の商品選択基準で、どのような顧客セグメントに分かれますか？
- 顧客セグメント別に、自社と他社のシェアはどうなっていますか？
- 顧客セグメント別に、どのようなチャネルからアクセスされていますか？

　こうした問いに対する答えが、勘や経験ではなく定量的に把握されて初めて、売上を伸ばすため（＝顧客に喜ばれるため）に何に注力すべきかなどの思考が深められます。そして、適切な施策に結び付けられるようになります。

②の課題：財務データは、顧客別にあまり理解されていない

　売上から営業利益までの財務データは、どの企業でも管理されていると述べましたが、そのほとんどが「顧客全体」での管理になっています。一部の企業では「商品別」の管理まで行っているでしょうが、ここで指摘したいのは、**顧客全体や商品別ではなく「顧客別」に分解して理解することが重要**だという点です。

　例えば、「顧客セグメント別の利益が分からない」状態とは、具体的にどの顧客セグメントから利益を得ているかを知らずに事業をしていることを意味します。実際のところ、財務データの理解は、次のような状況に留まっていることが多いように思います。

　○**商品セグメント別**に、どの商品の**売上**が伸びていて、どの商品の売上が伸びていないかについては理解されているケースは

多いが……

△**顧客セグメント別**で、どの顧客セグメントの**売上**は伸びていて、どの顧客セグメントの売上は伸びていないか、となると**理解されているケースが格段に減る**

×そして、**顧客セグメント別**で、どの顧客セグメントの**利益が大きく**、どの顧客セグメントの利益が小さいか、となると**理解されているケースはほぼ皆無**となる

③の課題：顧客のリピートプロセスが十分に理解されていない

「顧客単位の利益」ともいえるLTVは、持続的なビジネスを実現する上で、急速に重要性が増しており、各企業がこの指標をもとにした分析を行っています。そして、LTVは顧客獲得のための投資やリピート施策の事業判断の基盤にもなっています。

しかし、LTVを正しく活用している企業は、残念ながらとても少ないようです。多くの企業はLTVを計算してはいるものの、実務に反映させる手前にあるさまざまなトラップにはまっているのです。

ここでは、よくある誤りの事例を紹介します。ある事業の担当者が新規顧客獲得キャンペーンを行い、LTVに関して上長に次のような報告をしました。

担当者：

「XX事業では、新規顧客は平均して『年間1万円の利用が、5年間見込める』『限界利益率は20％』。この場合、将来見込まれる利益額は10,000円（＝5年間×1万円×20％）になります（A）。

今回の新規顧客獲得キャンペーンでは、『800万円のコストで』『1,000人の新規顧客を獲得』。この場合、顧客あたりの獲得コストは8,000円（＝800万円／1,000人）になります（B）。

つまり、LTV（累積利益額）2,000円 ＝ 将来の利益額10,000円 - 顧客獲得コスト8,000円となり、黒字で新規顧客を獲得できたことになり（C）、本キャンペーンは成功といえます」

さて、この事例のLTVは、どこが問題なのでしょうか？

私は2つの大きな問題を感じます。ひとつは「一度顧客になっていただければ、その後はコストをかけなくても顧客は買い続けて下さる」という誤解があることです。上記の事例の（A）は、そんな都合のいい前提に立って計算をしています。

一般的に割引などのキャンペーンから顧客化する場合、2回目以降も同様の割引がないと購入しないことが多く、リピート率が低くなる傾向があり、利用金額も低く抑えられがちです。先の例においては、Bに記載した8,000円という顧客獲得コストは「実績値」ですが、Aで算出している利益額の10,000円は楽観的な前提をもとにした将来の「推測値」であり、現時点ではCのように「LTVが黒字である」とはいえません。

もうひとつは「顧客を平均で見れば大丈夫」という誤解です。顧客は"個客"でもあるので、当然のことながら、顧客のLTVは顧客ごとに異なります。キャンペーン全体が黒字だとしても、そのキャンペーンで獲得した顧客の中には、LTVが黒字の顧客と赤字の顧客がいることになります。

　例えば、初回の購入単価が高い新規顧客は、その後のリピート利用金額も高い傾向があり、LTVも高い傾向にあります。また、初回の購入商品のタイプによっても、その後のリピート利用金額は大きく異なります。

　それらを踏まえると、本来は新規顧客獲得キャンペーンで獲得した顧客をいくつかの顧客グループに分けてLTVを算出し、顧客グループ単位でキャンペーンの成否を判断すべきです。

　この事例のようにLTVを誤って利用するケースは、とにかく売上を伸ばすことが至上命題とされている事業環境で起こりやすいと思います。事業部は売上を伸ばすためにはどんどん投資をする、ただし会社や上司に「投資には費用対効果が見合っている」と説明する必要があるため、LTVのコンセプトを駆使して説明する……といった構図です。

　投資によって短期的には事業を成長させることができても、前述のように顧客ごとのLTVが赤字の場合は、延々とお金がかかってしまいます。だから、持続的な事業成長には、顧客単位のLTVを黒字にすること、つまり、LTVを正しく活用することが欠かせないのです。

4.2

一休で実践している「顧客行動の見える化レポート」10選

▎顧客行動を見える化するためのとっておきの10の分析

では、実際に一休で使っている主要な10種の分析レポートをグラフとともに解説します（**図4-3**）。チャートはダウンロードできますので、本書巻末をご覧下さい。以下、○をつけたのは特に重要な分析です。

「売上に至るプロセス」を見える化するために……

① 自社の競争環境を見える化する

② 顧客の購買プロセスを見える化する

3 在庫の販売状況を見える化する

4 顧客の購買・キャンセルを見える化する

「売上から利益に至る財務データ」を見える化するために……

⑤ 顧客軸で売上を見える化する

⑥ 顧客軸でPLを見える化する

7 1件1件の売上でPLを見える化する

8 日々のPLを見える化する

「顧客のリピートプロセス」を見える化するために……

⑨ 顧客別のLTVを見える化する

⑩ 顧客のリピート状況を見える化する

▶ **図4-3 顧客行動を見える化するためのとっておきの10の分析**

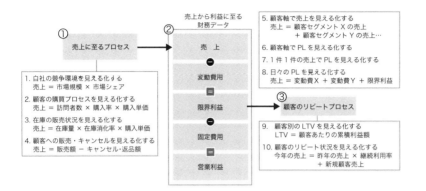

各分析で活用している複数のグラフを、順番に解説していきます。見方のポイントとしては、データを単なる「数字」と捉えず、「顧客の行動」であり、「顧客の回答」だと思っていただくといいと思います。選択式や記述式のアンケート回答には、顧客の顕在化した意識が現れますが、**リアルな顧客の行動には、顧客自身が理解していることばかりが反映されるとは限りません。そこには、顧客自身も気付いていない好みや願望が現れます。**そうした潜在的な意識まで捉え、私たちが先回りして対応できると、ますますサービスを好きになっていただける。それこそが、データと向き合うおもしろさであり、とてもわくわくするところです。

本書では「データとは顧客そのもの」だと述べてきました。ここからは、顧客行動をクリスタルクリアにする方法を紹介していきます。

「売上に至るプロセス」の見える化編

1. 自社の競争環境を見える化する

　自社の事業やプロダクトが市場で唯一無二の存在でない限り、資本の大きい企業を筆頭に、競合がひしめいていることが多く、上り調子の市場ならなおさらでしょう。シェアを拡大していく上で、「自社と他社の差を理解する」ことは欠かせません。一休でも、売上に至るプロセスを理解するために第一に据えているのが、この「自社の競争環境を見える化する」ことです。

　どの企業も行っている競合分析として、例えば、自社と他社の売上を比較する次のようなグラフはよく見ると思います（**図4-4**）。

　ですが、グラフをにらみながら「うーん、X社は当社の2倍か」などと会話するだけでは何も分かりません。当社とX社とY社の差はどこに起因しているのかを突き止めるために、このデータを次から紹介するようにどんどん分解していきます。

　まず、商品タイプ別に見てみます。一休の場合は、商品タイプをビジネスホテル、ホテル、リゾートホテル、旅館の4つに分解しています。そのときに、当社、X社、Y社それぞれがどのくらいシェアを押さえているのかを見える化したのが、次のグラフです（**図4-5**）。

　こうして見ると、業界リーダーのX社はビジネスホテルのシェアが高くなっており、ビジネスホテルに泊まる顧客に愛用されていることが一目瞭然です。ビジネスホテルに比べると、ホテル、リゾートホテル、旅館は相対的に低いシェアになっていることが分かります。一

▶ **図4-4 自社の競争環境を見える化する：売上＝市場規模×シェア**

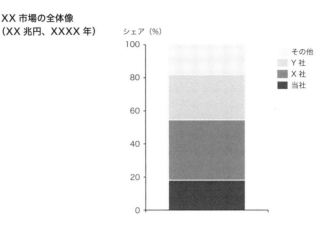

XX 市場の全体像
（XX 兆円、XXXX 年）

※グラフ・数字はイメージです

▶ **図4-5 自社の競争環境を見える化する：**
「商品タイプ別」の売上＝市場規模×シェア

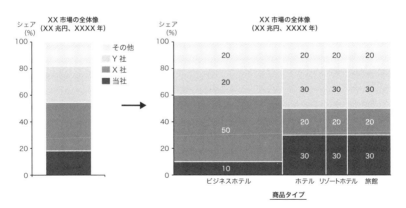

※グラフ・数字はイメージです

方、当社やY社はビジネスホテルよりも、ホテル、リゾートホテル、旅館などのレジャー系の宿泊施設で高いシェアを有していますが、X社が主戦場としているビジネスホテルではシェアが低いことが分かります。

　注目したいのは、当社とY社は売上構成が似ていますが、当社とX社では売上構成が異なることです。戦略的に捉えるならば、顧客から見たときに、当社とY社はある意味で類似したサービスに見えるが、当社とX社は異なるサービスに見えている……ということになります。すると、もし当社がY社のシェアを狙う場合は、これまでと同じ戦略でシェアアップが狙えるかもしれません。しかしX社の牙城を崩そうとする場合は、これまでとはまったく異なる新しい戦略が必要になる、という示唆があるように思います。

　ポイントは、左側のグラフは、右側の面積グラフと同じデータだという点です。単に商品タイプで分解しただけですが、左側の状態ではよく分からなかった各社の違いが、急に立体的に見えてきます。

　この「見える化」のために、特別に精緻なデータが必要なわけではありません。シェアを完璧に把握するのは難しいですが、顧客アンケートなどで「最近どのような宿を、どのサービスを介して予約したのか」を調査すれば、十分に捉えられるはずです。

　次に、価格帯別でも分解してみましょう（**図4-6**）。当社については予想通りですが、高価格帯の宿のシェアが高いことが分かります。X社はカジュアルな低価格帯の宿でトップシェアを獲っています。Y社も当社よりカジュアル寄りであることが分かります。

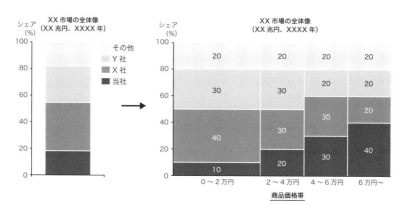

▶ **図4-6 自社の競争環境を見える化する：
「商品価格帯別」の売上＝市場規模×シェア**

※グラフ・数字はイメージです

　同じように、他の切り口でも市場を分解することができます。例えば、顧客の年齢・性別・居住エリアでも分解できます。**ありとあらゆる切り口で、自社と他社の売上がどのように分布しているのかを理解し、競争関係を把握することが、効果的な戦略立案にとても有効**です。

　このあたりまでの分解は、かなりベーシックだと思いますが、同じようなことを実践されている人にほとんど会ったことがなく、紹介すると驚かれることが多いです。ただ、私からすると、もっとずっとおもしろいのは次のような分解です。

　今度は、「顧客が何を理由に商品／サービスを選んでいるか」という選定理由別に分解してみました（**図4-7**）。

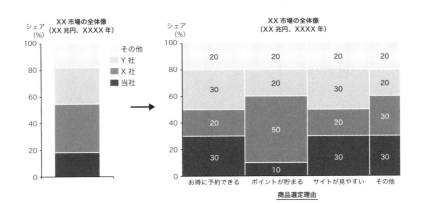

▶ 図4-7　自社の競争環境を見える化する：
　　　　「商品選定理由別」の売上＝市場規模×シェア

※グラフ・数字はイメージです

　宿泊予約市場の場合、よくあるサービス選定理由は、大きく次の3
つに分けられます。

- 割引などで「お得に予約できる」
- 価格ではないが「ポイントが貯まる」
- 「サイトが見やすい」

　グラフを見ると、当社は「お得に予約できる」ことと「サイトが見
やすい」から選ばれていることが分かります。高級宿に特化している
のに「お得」とは意外に思われるかもしれませんが、「お得に予約でき
る」ことが評価されているのは、私たちが高級な宿をできるだけお得
な価格で提供することに注力しているからです。一方、「ポイントが
貯まる」という点で宿泊予約サービスを選ぶ顧客の半分が、X社を利

用していることも分かります。"シェア50％"とは、もう圧倒的な強さを表していて、この理由を挙げる顧客には「ポイントを貯めるにはX社」という刷り込みが相当に浸透しているとうかがえます。

競争環境を理解する上で、このチャートが非常に興味深いのは、「自社が何をすれば、どこの面積（＝売上）を他社からひっくり返す可能性があるのか」を示している点だと思います。同時に、他社から何をされれば、自社の売上がひっくり返されてしまうのかも示しています。

当社が「ポイントが貯まる」という機能をより充実させれば、現在の低いシェアを高められるかもしれないですし、「サイトが見やすい」点をより充実させれば、現在の高いシェアをさらに高められるかもしれません。まるで、オセロのどのコマをひっくり返すのかを考えるように、自社と他社の競争環境を具体的に捉えることができるのです。

ビジネスにおいて、意図的ではないけれど結果的に事業成長ができたケースと、意図的に他社との競争環境を理解した上で狙いを定めてしっかり奏功するケースとは、評価に雲泥の差があります。なぜなら前者には、再現性がありません。**ビジネスである以上、再現性が高い施策を実行したい**ものです。

もちろん、市場によって分解・分析のしやすさ、しにくさはあるでしょうが、こうした市場の分解を経た競争環境の理解は、どの市場のどの事業にも共通する思考だと思います。市場を俯瞰して競争環境を理解することや、競争戦略を検討することとは、このような分解・分析を徹底して示唆を得ることだと考えています。

2. 顧客の購買プロセスを見える化する

「売上に至るプロセス」の見える化として、次に顧客の購買プロセスの見える化を説明します。まず、月次の売上推移を見ていきます。こちらのグラフは、どのような事業に携わる方も見慣れたグラフかと思います（**図4-8**）。

では、どのような顧客の購買プロセスから、この売上推移に至ったのか、次の図を見てみます（**図4-9**）。

売上も、先ほどの考え方と同様に、どんどん分解していきます。例えば、売上は「訪問者数」と「購入率（CVR）」と「購入単価」に分けられます。購入単価は、購入者の平均予約単価です。つまり、何人訪問し、そのうち何人が購入し、その購入単価はいくらだったか、という掛け算になります。このような「訪問者数」を活用した顧客の購買プロセスの分解は、顧客行動がデータで捕捉しやすいインターネットを主戦場とする業界では以前から活用されていました。しかし最近はリアル店舗などでも、センサーやIoTデバイスなどを活用して訪問者数が捕捉できるようになりつつあります。この顧客の購買プロセスの分解は、対象となる産業が大きく広がっています。

図4-9で、左端の「対前年比＋20％の成長（売上伸長）」を3つの軸に分解して見てみると、訪問者数が＋10％、購入率は－5％、そして購入単価は＋15％という掛け算で構成されていることが分かります。

訪問者数も購入単価も対前年で成長していますが、購入率は低下していたわけです。一般的に購入率は、商品の競争力や商品の購入のしやすさなど自社の努力でコントロールできる指標とされることが多い

▶ **図4-8 売上推移**

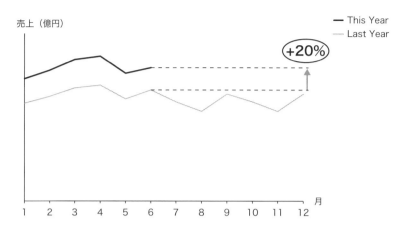

※グラフ・数字はイメージです

▶ **図4-9 顧客の購買プロセスを見える化する：**
売上＝訪問者数×購入率×購入単価

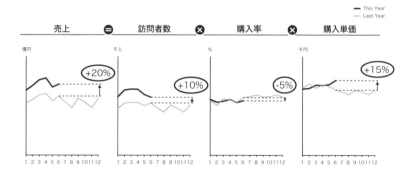

※グラフ・数字はイメージです

です。そのため、購入率が低下しているグラフを見ると、脊髄反射で「今すぐ購入率を改善せよ」という指示を炸裂させる経営者も少なくありません。

　しかし、私はこの程度の分析の深さでは、まだ課題の真因に迫ったとは思いません。繰り返しになりますが、**「どのような施策を講じるのか？＝誰に何をするか？」を考える上で、この段階では「誰に」という問いにはまだまったく答えていない**からです。

　図4-9を、さらに既存顧客と新規顧客に分けたのが、次のチャートです（**図4-10**）。

　既存顧客と新規顧客に分けると、新規顧客に比べて既存顧客の売上が伸び悩んでいることが分かります。また既存顧客においては、購入率の悪化によって、売上が伸び悩んでいることも把握できます。

　一口に既存顧客といっても、頻繁に使っていただいているヘビーユーザーもいますし、何年も利用していなかった休眠ユーザーもいますので、既存顧客をさらにヘビーユーザー、ライトユーザー、休眠ユーザーなどの顧客セグメントに分解してみます。そうすることで、具体的にどの顧客セグメントで購入率が落ち込んでいるかを、ピンポイントで理解することができます（**図4-11**）。

　最初の売上推移のチャートのみだと、ここで増えた・減ったということが分かっても、詳細が分からないため何の判断もできず、何のアクションも取れません。

▶ 図4-10 顧客の購買プロセスを見える化する：
「顧客セグメント別」の売上＝訪問者数×購入率×購入単価

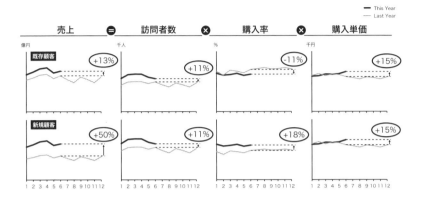

※グラフ・数字はイメージです

▶ 図4-11 顧客の購買プロセスを見える化する：
「顧客セグメント別」の売上＝訪問者数×購入率×購入単価
既存顧客をヘビーユーザー、ライトユーザー、休眠ユーザーに分解

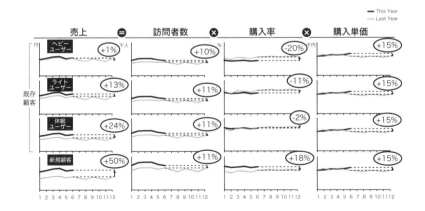

※グラフ・数字はイメージです

売上の変化を、次のように顧客の**購買プロセスに分解**することで、どのレバーに改善余地があるかが分かります。

- 売上 ＝ 訪問者数 × 購入率 × 購入単価

さらに、この購買プロセスを次のように分解することで、**施策を講じるターゲット顧客も明らかに**します。

- 顧客セグメント別の「売上 ＝ 訪問者数 × 購入率 × 購入単価」

このプロセスを踏むことで、「誰に何をするか」という施策の軸が定まってきます。一休では、データの素養があまりなくても使える仕組みを内製し、ありとあらゆる角度から常に確認して、事業の変化の要因はどこにあるのかをすぐに捉えられるようにしています。

3. 在庫の販売状況を見える化する

売上に至るプロセスは、在庫の切り口でも分解できます。「売上＝在庫量×在庫消化率 ×購入単価」という因数分解で表されます（**図4-12**）。在庫という切り口で売上を分解するのは、責任の所在が分かりやすくなることが利点として挙げられると思います。

例えば、一休のように宿泊施設の在庫を販売する場合は、在庫は基本的に一休のコントロール下になく、宿のコントロールに依存します。また、宿のコントロールは、そのときの景気動向や観光需要やインバウンド需要などのマクロ市況に大きく影響を受けます。そのため、一休としてはコントロールできない在庫量ではなく、自社のコントロール下にある在庫消化率に着目して、施策を絞り込むことになり

▶ **図4-12 在庫の販売状況を見える化する：**
売上＝在庫量×在庫消化率×購入単価

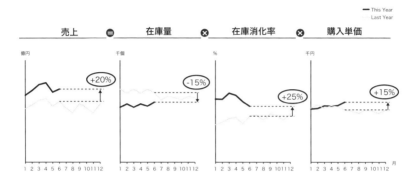

※グラフ・数字はイメージです

ます。

　逆に、メーカーなどの在庫を保有する企業では、在庫は自社のコントロール下にあります。今は在庫を増やしたほうがよいか、在庫を増やさずに在庫消化を急いだほうがよいか、という判断が企業としての大きな意思決定となります。また、在庫を増やすと判断した場合は、製造部門に対してアクションを依頼することになりますし、在庫消化を急ぐと判断した場合は、セールスやマーケティング部門にアクションを依頼することになるでしょう。このように、**在庫という切り口で分解することで、責任やアクションの所在が分かりやすくなる**のです。

　在庫の切り口においても、商品別などで分解することができます。

次のチャートによると、商品Aの売上は好調でも、商品Bの売上が思わしくない。そして商品Bが伸び悩んでいる要因は、在庫消化率（≒顧客需要）ではなく、在庫量（≒自社の供給量）が低水準に留まっていることである、などが分かります（**図4-13**）。このような分解をすることで「全社」の在庫を増やすという命題から、「商品B」の在庫を増やすというピンポイントな命題に集中することができ、施策の実効性を高めることができるのです。

4. 顧客の購買・キャンセルを見える化する

　この売上分解は、キャンセルが多い、返品が多い、または資金回収に難がある取引先が多いなど、販売額をそのまま売上として見なしにくい特徴をもつ事業において、大事な分析になります。一休のような宿泊予約事業は、まさにキャンセルが多い事業なので、売上に直接結

▶ **図4-13　在庫の販売状況を見える化する：**
　　「商品タイプ別」の売上＝在庫量×在庫消化率×購入単価

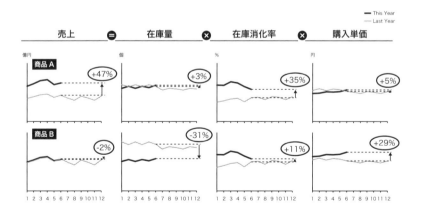

※グラフ・数字はイメージです

びつく数値（売上＝販売額－キャンセル・返品額）をモニタリングするようにしています（**図4-14**）。

このチャートの状況からは、キャンセルがやや増えつつあることが確認できると思います。販売額は対前年で+25%の成長をしているのに対して、キャンセル・返品額は対前年+60%の成長をしています。

このようにキャンセル・返品状況をモニタリングする理由は、2つあります。ひとつは、顧客の購入に限らず、**キャンセル・返品も何らかの顧客心理を表す**からです。例えば「今月予定していた旅行をキャンセルして、3カ月後に予約をしなおす」といった顧客行動が増えてくれば、本当は旅行に行きたいのだけど、感染拡大や災害など何らかの要因による旅行マインドの冷え込みが起きていることがうかがえま

▶ 図4-14 顧客の購買・キャンセルを見える化する：
売上＝販売額－キャンセル・返品額

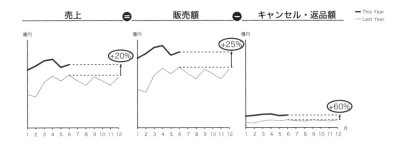

※グラフ・数字はイメージです

す。また、メーカーなどで返品が多いのであれば、その商品に対する消費者の信頼度が揺らいでいることを表しているかもしれません。

　キャンセル・返品をモニタリングするもうひとつの理由は、**マーケティング費用を適切にコントロールする**ためです。例えば、Google、Yahoo!、Facebook、Instagram などへの広告投資を考えると、閲覧、クリックなどの顧客行動に対して広告費の支払いが発生します。そのため、顧客が広告経由で商品を購入して、その後キャンセル・返品した場合、売上が立たないだけでなく、広告費のコストだけが発生するという事態が起こるのです。キャンセル・返品をタイムリーにモニタリングするのは、このようなマーケティング費用をスピーディーにコントロールするためでもあります。

▌「売上から利益に至る財務データ」の見える化編

5. 顧客軸で売上を見える化する

　次は「売上」の見える化について説明します。売上の見える化とは、売上がどのような商品から生じるのかを検討することが多く、一般的には「事業全体」または「商品軸」の視点から行われます。ここでは、**「顧客軸」でできるだけ細かく分けて分析する**ことをおすすめします。顧客の行動や傾向を理解することで、その顧客が事業にとってどれだけ価値があるのか、また、どのような施策が効果的であるのかといったことを洞察できるからです。

　顧客軸では、顧客ごとの購入履歴、顧客の行動パターン、顧客のデモグラフィック情報（年齢、性別、居住地など）などが挙げられます。そして、これらの軸をもとに、顧客セグメント（同様の行動や嗜好を

持つ顧客のグループ）を作成し、各顧客セグメントの利益貢献度を明らかにし、最も価値のある顧客セグメント（≒ターゲット顧客）に焦点を当てた施策を行うことになります。

　まず、一休でのベーシックな顧客軸の分析を3つほど紹介します。次のチャートは、既存か新規か、既存ならヘビーユーザーかライトユーザーか休眠ユーザーかという顧客の利用金額別に売上を分解したものです（**図4-15**）。

　これは、どの事業でも私が真っ先に確認するチャートのひとつです。なぜこれらの数値を最初に見るかというと、**どの顧客セグメントが伸びているか、伸びていないかという状況に応じて、事業の方針が変わること**が多いからです。

　例えば、ヘビーユーザーが伸びているのであれば、既存の重点顧客に現在のサービスが喜ばれていることが推察できます。したがって、基本的には事業方針の変更は必要なく、これまで考えてきた施策を強化することで、さらなる成長が期待できます。逆に、ヘビーユーザーが伸びていないのであれば、何らかの要因で既存顧客に自社サービスが喜ばれなくなっていることが推察できます。したがって、事業方針の変更が必要になる可能性が高いです。

　自社の施策が何も変わらないのに、ヘビーユーザーが伸びなくなったのならば、市場環境の構造変化や同業他社の施策によって、顧客が他社にスイッチしたことも疑われます。自社の施策が変わったのであれば、最近実施した施策が不人気なのかもしれません。

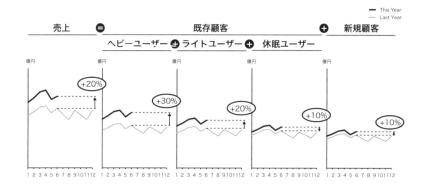

※グラフ・数字はイメージです

　このように、顧客の利用金額別に売上を分解して、その動きを観察するだけでも、自社と顧客の関係や自社と他社の競争関係などを推察できるようになるのです。しかし、この売上分解だけで、ハッキリと状況が見えるものでもありません。別の顧客軸でも分解することで、状況をよりクリアに理解できるようにします。

　通常、私が「顧客の利用金額別」の次に顧客軸で確認するのは「顧客の利用目的別」の分解です（**図4-16**）。

　利用目的によって顧客の購買行動が大きく変わるため、どちらの顧客セグメントが伸びているか、伸びていないかによって、実施する施策も大きく異なります。

▶ **図4-16 顧客軸で売上を見える化する：顧客の利用目的別**

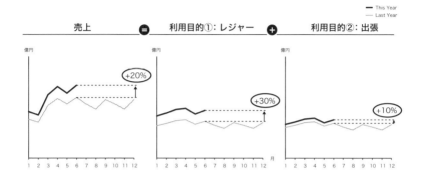

※グラフ・数字はイメージです

　例えば宿泊業では、利用目的は大きくレジャーか出張かに分けられます。レジャー顧客は、需要を喚起しやすい顧客といえます。魅力的な商品をオファーすることで、行く予定がない顧客の需要を喚起することができます。なのでレジャー顧客に対しては、顧客一人ひとりの好みにピッタリ合う商品のリコメンドや、より魅力的な価格をオファーするなどの施策が有効になります。

　一方、出張顧客は、需要を喚起しにくい顧客です。宿がすごく魅力的だからとか、すごくお得だからといった要因で、顧客は出張に行きたくなるわけではないのです。したがって、出張顧客により喜ばれるためには、顧客に出張需要が発生したときに、最もスピーディーな予約体験を提供することなどが大事になります。

このように、どちらの顧客セグメントをターゲットにするかによって、実施する施策が大きく異なります。別の言葉でいうと、**ターゲット顧客を選ぶと、たくさんの施策の中から有効な施策を絞り込めます。それが、顧客軸で分解することの最大の意義です。**

　よく見かける顧客分析は、年齢・性別などのデモグラフィックを重視したセグメンテーションですが、私はデモグラフィックな顧客軸で分解することはほとんどありません。それは、年齢や性別が異なるどの顧客セグメントをターゲットとしても、実施する施策があまり変わらないことが多いからです。

　例えば男性と女性の顧客セグメントに分けたとしても、双方の顧客セグメントに、前述のようにまったく性質の違うレジャー顧客と出張顧客が存在します。この場合、男女どちらをターゲットにしても、レジャー顧客と出張顧客の異なるニーズに応える必要があります。そのため、男女どちらをターゲットにしても、実施する施策がほぼ同じになりがちで、結果として総花的な施策に着地して成果を得られないことが多いのです。なので、デモグラフィックな顧客軸はあまり使っていません。

　ここまで顧客の「利用金額別」「利用目的別」で売上を分解してきましたが、私がよく見ている第3の軸は、「顧客のアクション別」です（**図 4-17**）。

　例えば宿を検索するとき、顧客のアクションは大きく次の2種類に分かれます。

▶ **図4-17　顧客軸で売上を見える化する：顧客のアクション別**

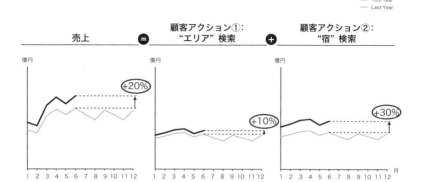

※グラフ・数字はイメージです

> 1. "箱根 旅館"のように、「エリア」で検索する顧客
> 2. "XXX旅館"のように、「宿」で検索する顧客

　1の顧客の場合は、まだどの宿にするかが決まっていない状態なので、宿のランキングをお知らせすることや、閲覧履歴に応じて顧客一人ひとりの好みにピッタリ合う商品をリコメンドすることなどが有効になります。

　2の顧客の場合は、顧客はすでにどの宿に行くかは決めていて、おそらくどの旅行会社で予約をするのかの目星も付けている状態です。顧客の予約プロセスの最終段階で、いろいろな旅行会社の料金を比較している最終段階の顧客も多いです。このような場合は、顧客が泊まりたい日付の値段がスピーディーに表示できることや、他社よりもお

得であることなどが有効になります。

　顧客軸で売上を分解する方法を3つほど紹介しましたが、他にもまだいろいろな分解があります。例えば、次のような切り口です。

- 販売チャネル別（リアル店舗、ネット店舗、電話販売など）
- 流入チャネル別（テレビ・新聞などの伝統的広告経由、ネット広告経由、自然流入など）
- エリア別（顧客の居住エリアなど）
- ライフスタイル別（検索はGoogleかYahoo!か、携帯電話はiPhoneかそれ以外かなど）
- 年齢・性別以外のデモグラフィック（所得、家族構成、職業など）

　「顧客軸で売上を見える化する」ことのゴールは、事業全体を大きなキューブだとした場合、重要な顧客軸で分けられるすべての小さいキューブを把握し、それぞれのキューブで売上が今どのような状況なのかを理解することです（図4-18）。

- 今、どのキューブで事業はうまくいっているのか？　それはどうすれば加速できるのか？
- 今、どのキューブで事業はうまくいっていないのか？　それはどうすれば解決できるのか？

　これらの問いに対して、シャープに答えられるようであれば、売上をクリスタルクリアに理解している状態といえると思います。

▶ 図4-18　顧客軸で売上を見える化する：基本的な考え方

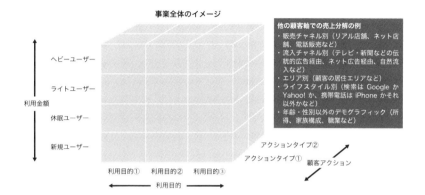

6. 顧客軸でPLを見える化する

　売上から利益までの財務データは、どの企業でも押さえているだろうと述べましたが、そのほとんどが「顧客全体」での管理になっています。一部の企業では、売上の分解までは行っていることもあると思います。しかし、ここで提案したいことは、売上だけでなく利益まで顧客セグメント別に分解して、各顧客セグメントの利益貢献を明らかにすることです。最も価値のある顧客セグメント（≒ターゲット顧客）に焦点を当てた施策を行うためには、収益性の理解が不可欠であると思います。

　では、顧客セグメント別の利益を見える化した事例を紹介します。例えば、顧客を利用金額別に分解した場合、次のようなチャートになります（**図4-19**）。

▶ 図4-19　顧客軸でPLを見える化する：顧客の利用金額別

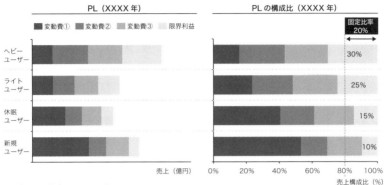

※グラフ・数字はイメージです

　左側のチャートは顧客セグメント別のPL（Profit and Loss statement ／損益計算書）で、右側のチャートがPLの構成比です。右側のチャートの限界利益に着目すると、ヘビーユーザーの限界利益率が30%、ライトユーザーが25%、休眠ユーザーが15%、新規ユーザーが10%となっていることが分かります。

　限界利益ベースでは、全顧客セグメントで黒字です。しかし固定費（人件費、オフィス賃料、設備投資など）が売上に対して20%程度かかっているとすると、限界利益から固定費を差し引いた営業利益ベースでは、ヘビーユーザーとライトユーザーは黒字でも、新規ユーザーと休眠ユーザーは営業利益では赤字となっていることが分かります。

　この場合、「新規ユーザーや休眠ユーザーをどうすれば黒字化でき

るか」を考えることになります。コスト項目を詳細に見てみると、変動費①（例えば、顧客獲得費用）が、新規ユーザーと休眠ユーザーで大きな割合を占めていることが分かります。この場合、変動費①の効率性の改善で、黒字化が図れるかもしれないということが分かります。

逆に、「ヘビーユーザーの黒字幅をさらに拡大できないか」という視点で見てみると、変動費②（例えば、顧客リテンション費用）がヘビーユーザーほど大きな割合を占めていることが分かります。したがって、ヘビーユーザーの黒字幅を拡大するためには、変動費②の見直しを考える必要があるかもしれません。

同様の収益性の分析は、あらゆる顧客軸で見ることができます。例えば、「利用目的別」の顧客セグメントで収益性を見たグラフが次のチャートになります（**図4-20**）。この分析でも同様に、出張顧客のほうがレジャー顧客よりも収益性が高いことや、営業利益ベースでは出張顧客は黒字でも、レジャー顧客は赤字であることも分かります。また、レジャー顧客に対して変動費①を使いすぎていることが、レジャー顧客の収益性を圧迫していることが分かります。

このように、顧客セグメント別の収益性やコスト構造を見える化することで、各顧客セグメントの利益貢献度を明らかにすると同時に、どのようにすれば利益を拡大できるのかを考えられるようになります。

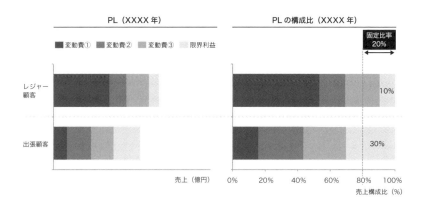

※グラフ・数字はイメージです

7. 1件1件の売上でPLを見える化する

　前項で、さまざまな顧客セグメント別の収益性分析の例を紹介しました。どうやったらあのような顧客セグメント別の収益性が分かるのか、と疑問を持った方もおられるかもしれません。「顧客軸」で利益を見える化するためには、いろいろな方法があると思いますが、一休では1件1件の売上レコードに対して、売上、直接費用、粗利を計算するようにしています。

　一休のデータベースに格納されているPLデータのイメージを、次に示します（**図4-21**）。

　直接費用の中には、1件1件の売上にひも付く費用とひも付かない費用があります。例えば、仕入原価、ポイント費用、クーポン費用な

図4-21　1件1件の売上でPLを見える化する

データベースのPLデータのイメージ

取引ID	売上（円）	変動費用（円）					限界利益（円）
		仕入原価	ポイント費用	クーポン費用	広告宣伝費	その他変動費用	
XXXXX	10,000	8,000	100	0	200	1,000	700
XXXXX	20,000	16,000	400	0	300	2,000	1,300
XXXXX	30,000	24,000	900	1,000	0	3,000	1,100
XXXXX	20,000	16,000	800	0	0	2,000	1,200
XXXXX	10,000	8,000	500	2,000	200	1,000	-1,700
XXXXX	20,000	16,000	200	0	300	2,000	1,500
XXXXX	30,000	24,000	600	1,000	0	3,000	1,400
XXXXX	20,000	16,000	600	0	0	2,000	1,400
XXXXX	10,000	8,000	400	1,000	200	1,000	-600
XXXXX	10,000	8,000	500	0	200	1,000	300
	・	・	・	・	・	・	・
	・	・	・	・	・	・	・
	・	・	・	・	・	・	・

※グラフ・数字はイメージです

どは売上にひも付きますが、広告費用は売上にひも付かないコストになります。

　当社では、売上にひも付かないコストについては、対象売上に対して配賦するようにしています。例えば、ある広告から販売に至った売上が100万円あり、その広告費が2万円かかったとすると、その広告経由の販売に対して2%の広告コストを配賦するという考え方です。

　このように1件1件の売上で粗利までPLを見える化することで、どのような集計単位であっても、収益性を計算することができるようになります。だから、いかなる顧客に対しても収益性が見える化できるわけです。

8. 日々のPLを見える化する

　1件1件のPLが見える化されると、いろいろなことが分かってきます。一休での便利な活用例をひとつ紹介すると、日々のPLの見える化が挙げられます（**図4-22**）。通常、PLは月次、年次などの期間での集計を想像されると思いますが、それを一休では日次でも集計しています。日次でPLを集計することで、急な収益性の悪化などにもすぐに気付き、スピーディーに対策を打てるようになるからです。

　宿泊業では、突如として市場環境が激変することがあります。急な台風や災害の発生や、感染症拡大などが最たる例です。その市場環境の急激な変化に素早く反応して、急ブレーキや急アクセルを事業全体にかけることが非常に重要になります。

▶ **図4-22 日々のPLを見える化する**

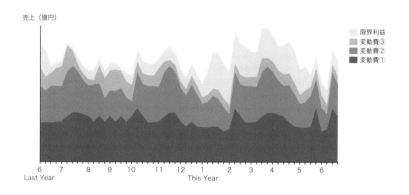

※グラフ・数字はイメージです

　また昨今のAIの発展により、一休ではさまざまなプログラムをAIベースで運用しています。例えば、AIを活用して顧客別の商品価格をパーソナライズしたり、広告商品の入札価格を計算したりしています。こういったAIプログラムの運用状況をタイムリーにモニタリングする上でも、日々のPLの見える化は非常に有用です。

　今後さらなるAIの発展を想定すると、**企業の損益に大きく影響を与える分野でのAIベースのプログラム導入が広がっていくでしょう。**そのようなプログラムを適切に取り入れるためにも、日々のPLの見える化は、ますます大事な経営基盤となっていくと思います。

「顧客のリピートプロセス」の見える化編

9. 顧客別のLTVを見える化する

　4.1で、事業を持続的に成長させるためには、売上を伸ばすことと、顧客あたりの累積利益額（LTV）を黒字にすることが必須だと述べました。では、どのようにLTVを見える化するのでしょうか。次に、参考となりそうなチャートを示します（**図4-23**）。縦軸には毎月の新規顧客数、横軸には顧客が利用し始めてからの月数を並べ、顧客あたりのLTVがどのように推移しているかを示しています。

　この事例では、通常の時期は初月から黒字の粗利で顧客を獲得し、その後のリピート利用でも黒字の粗利額を積み上げられ、非常に健全な顧客育成ができていると分かります。ただし7〜9月の夏の時期には、キャンペーンなどの広告投資などで多くの新規顧客を獲得しているためか、通常よりもかなり多くの新規顧客を獲得し、初月は赤字の粗利でスタートしています。しかしその後のリピート利用で黒字の粗

利額を獲得して、1年未満で黒字化している状況が見てとれます。

　顧客獲得のフェーズのマーケティング投資などで、LTVが最初は赤字なのは大きな問題ではありませんが、そのLTVの適正な期間での黒字化を「実績値」として確認することは、持続的に事業を成長させるためには必要です。

　4.1でよくあるLTVの誤った活用事例を紹介しましたが、LTVが「推測値」として黒字になることを説明することで、正当性を主張しているケースが多いです。こういうケースほど「推測値」ではなく「実績値」で確認することをおすすめします。

　またLTVは、顧客全体で見ることはもちろん、顧客セグメント別

▶ **図4-23 顧客別のLTVを見える化したイメージ**

年	月	新規顧客数（人）	LTV：顧客あたりの累積利益額（円）							
			初回利用月	3カ月後	6カ月後	9カ月後	12カ月後	15カ月後	18カ月後	…
前年	1	12,000	500	525	550	575	600	625		
	2	13,000	400	425	450	475	500	525		
	3	14,000	300	325	350	375	400	425		
	4	15,000	200	225	250	275	300			
	5	14,000	450	475	500	252	550			
	6	13,000	200	225	250	275	300			
	7	52,000	-50	-25	0	25				
	8	62,000	-75	-50	-25	0				
	9	52,000	-50	-25	0	25				
	10	15,000	200	225	250					
	11	16,000	100	125	150					
	12	15,000	100	125	150					
今年	1	14,000	150	175						
	2	15,000	750	775						
	3	16,000	650	675						
	4	17,000	900							
	5	16,000	800							
	6	15,000	150							

顧客全体のLTV

顧客セグメントAのLTV

顧客セグメントBのLTV

※グラフ・数字はイメージです

に分解して確認することもおすすめします。顧客セグメントによって
LTVは大きく異なるので、LTVが大きい顧客に十分な投資ができず機
会損失が発生することや、LTVが小さい顧客に過剰投資をして損失が
出てしまうことが、実際のビジネスでよく起きているからです。

10. 顧客のリピート状況を見える化する

　一休はデータドリブン化に舵を切ってから、顧客の継続利用率が改
善することで成長してきたと申し上げました。その継続利用率は、今
も一休の最重要KPIのひとつとしてモニタリングしています。次の図
は1章にも掲載している継続利用率の図です（**図4-24**）。

　データドリブン化するまでは70%台だった継続利用率は、80%台
から時には90%台まで改善しました。残念ながらコロナ禍の影響が

▶ 図4-24　顧客のリピート状況を見える化する

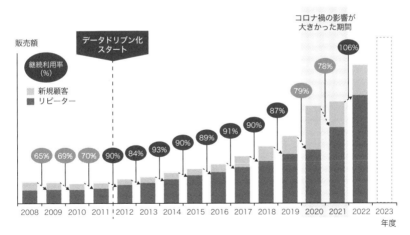

Note：ここでは、継続利用率＝「リピーターによる本年の販売額 / 前年の販売額」と定義しています。
　　　「リピーターによる本年の売上」が「前年の売上」を上回る場合は、継続利用率は100%を超えることになります。

大きかった2020年度と2021年度は、70％台に低下しましたが、2022年度にはその反動のように高い継続利用率となりました。

　私がこの「継続利用率」が大事な指標であると考える理由は、2つあります。ひとつ目は、**継続利用率が事業に与える影響が非常に大きいからです**。継続利用率は、一度使っていただいた顧客が継続的に利用して下さる比率ですので、ある意味、顧客の満足度を示しているといえます。

　この数値の大幅な低下は、顧客の継続利用が先細り、最終的にはリピーターの売上がゼロになることにつながるので、事業にとっては廃業の宣告に近い意味だと思っています。一休でも2020〜2021年度に継続利用率が減少しましたが、この時期にコロナ禍による観光需要減少などの明確な理由がなかったら、私たちは毎日青ざめた顔で継続利用率の改善に取り組んだことでしょう。

　継続利用率が大事な2つ目の理由は、**事業の良し悪しの理由を明確にしてくれる**からです。事業が伸び悩んでいるとき、その要因が継続利用率の低下によるリピーターの伸び悩みなのか、新規顧客の伸び悩みなのかを、このチャートは見事に分解して教えてくれます。そして、一般的にリピーターを伸ばす施策と新規顧客を伸ばす施策は異なるので、実効性の高い施策をおのずと絞り込むことができるのです。

　顧客の継続利用率は、事業の健康診断のように定期的にモニタリングすることをおすすめします。先のチャートでは、年次で継続利用率をモニタリングしていますが、できれば月次くらいの頻度でもモニタリングして事業のコンディションを確認するといいと思います。

4.3

「問い」をもって分析に臨むための連携

▎徹底的な分解から課題が見つかる

10種のレポートを駆け足で紹介しましたが、大事なポイントはとにかく「顧客がどのように動いているのか」に常に目を凝らすことです。新規とリピーターに分けたり、リピーターをヘビーユーザーとライトユーザーに分けたり、顧客軸でどこまでも分解していきます。顧客IDでその行動を捉え、最終的には1人単位まで分解できるので、大局を見て摩訶不思議な動きがあっても、要因を突き止められないことはないのです。

このような徹底的な分解が、データドリブン経営の真骨頂だと考えています。データの扱いに慣れない人が自分の手で進めるには、多少ハードルが高いかもしれませんが、データ人材とタッグを組み、知りたいことや見たいチャートを適切に共有して依頼すれば何ら難しくはありません。読者特典のチャートをダウンロードして、ぜひ役立てていただきたいと思います。

売上全体の数字をブレイクダウンする方法が無数に存在する以上、ブレイクダウンしてどこに課題があるのかをしっかり理解する活動も無数に存在します。ですので、それぞれの事業にフィットしたブレイクダウンの方法を検討いただくのも良いと思いますし、もしその余裕

がなければ、本章の定型フォーマットに沿って分析いただくだけでも、自社のデータドリブン化における大きな第一歩になるでしょう。

■ データ人材とタッグを組むには

ここまで紹介した複数の「見える化」を実行することで、データをブレイクダウンしていく環境はかなり整うと思います。プラスアルファとして、データサイドとビジネスサイドの連携を念頭に、データドリブンを事業の現場で「実践する」際の思考のポイントを詳説します。

はじめに、事業部などのビジネス人材がどのようにデータ人材とタッグを組めばいいかを考えてみます。

もし私にデータ分析の技術がなく、その状態でデータ活用が進んでいない会社に参加することになったとします。そして本章の情報があったら、①まず社内のデータ人材に「これら10の切り口でデータを見える化したい」と相談するでしょう。データ人材がいなければ外部パートナーに依頼するかもしれませんが、いずれにしても「見える化の実現に不足するものがあるなら何か、それをどう調達するか」を考えるはずです。

同時に、②社内の事業部メンバーから、比較的データに抵抗がなく社内コミュニケーションもスムーズに図れるビジネス人材をピックアップして、データ人材のディスカッションパートナーになれるようにします。そして、③ビジネス人材とデータ人材の協業でデータの見える化と施策の考案を進めていき、都度、報告をしてもらって議論できるような体制にします。

おそらく、③のビジネス人材とデータ人材が適切に協業できるかどうかが、データドリブン化を実践できるか、できないかの分かれ目になるでしょう。

ですが、たびたび触れてきたように、両者はそれぞれ得意分野が異なっています。一般的にデータ人材は問題を解くことにモチベーションが高く、ビジネスに役立つかどうかにはあまり関心がないことが多いです。一方、事業部のビジネス人材はデータ分析の技術を難しく感じるあまり、データ分析でビジネス成果を上げるところまでを期待して、無意識に丸投げしがちです。

つまり、このようなビジネス人材とデータ人材の傾向をそのままにしたナチュラルな分業スタイルでは、決してデータドリブン化は進展しないのです。両者が密接に協業するためには、互いの傾向を踏まえた上で、**データ分析の目標は「データ主導で意思決定をして最適なアクションを取り、事業成長につなげること」**という共通のゴールを何度も確認し合うことが非常に重要になります。

▍意思決定し、アクションするために分析している

そして、両者が共通のゴールを目指すには、日頃から「何のためにデータ分析しているのか」を常に見失わないことが大事です。決してデータ分析が目的でも、ましてチャート図解が目的でもなく、データ分析結果をもとに新たなアクションをするためにデータに向き合うのです。

ただ、そんなことは分かっている、という方が大半なのではないか

と思います。しかしそれなら、なぜ分析してもアクションには結び付かないことが世の中で頻発するのでしょうか？　私は、分析のステップにも問題があるように感じています。

　よくある分析のステップは、次のようになっています。

1. データに触れる
2. データから何が分かるのかを考える
3. 表やグラフにしてアウトプットする

　まず、1のステップでデータに触れていろいろな初期分析をします。その後、2のステップで、ああでもないこうでもないと思考を巡らせながら、何かおもしろい発見がないかを考えます。一部の人は、この段階でどんどんデータの細部にはまってしまい、まるでデータの沼に溺れてしまうようなことも起こります。そして最後のステップで、いろいろな思考を巡らせた中で最もおもしろいと思う発見を、表やグラフにしてアウトプットするのです。

　なぜ、この分析のステップではアクションに結び付かないのでしょうか。それは、この分析のステップはデータから何がいえるのかを考えているだけで、「アクションとのつなぎ」がまったく考慮されていないからです。

　私は、先の流れとはまったく異なるステップで分析に臨みます。

1. どんな表やチャートを作れば、自社のアクションが変わるのか
   を考える

2. データに触れる
3. 表やグラフにしてアウトプットする

　何が違うのかというと、前出のステップとは1と2の順番が逆なのです。もっというと、ステップ1の「どんな表やチャートを作れば、自社のアクションが変わるのかを考える」ことに大部分の時間を投入しています。「こんな分析結果が出たら、こういう風に自社のアクションが変わる」ということを、データに触れる前にたくさんの脳内シミュレーションをして考えているのです。これこそが、データ分析における最も付加価値の高いパートになります。

　データ分析というと、あれこれとデータに触れているイメージがあるかもしれませんが、実際はデータに触れている時間は単なる作業であって、データに触れていない時間こそ、最も付加価値が高い活動なのです。

　事業部メンバーと分析担当者が密接なタッグを組むためには、この「どんな表やチャートを作れば、自社のアクションが変わるのかを考える」という活動に一緒に取り組むことをおすすめします。こうすることで、互いに「**データ - 分析結果 - アクション」をより密接に結び付ける**ようになります。本章ではたくさんの定型フォーマットの分析結果を共有しましたが、いずれも自社の取るべきアクションを変えることを意図して作成しています。

　「データ分析で自社のアクションはどう変わるのか」を考えるためにも、ビジネスサイドとデータサイドが適切に協業するためにも、本章の見える化のチャートを存分に活用していただきたいと思います。

Column 「勘と経験の営業」にさようなら

　マーケティングなどの顧客向け施策において、データドリブン化は大きな進展を遂げてきました。eコマースサイトにおけるおすすめ商品のリコメンドなどは、その最たる例でしょう。

　しかし、取引先への営業活動におけるデータドリブン化は、まだ十分に進展していないといえます。営業活動では取引先のニーズをよく理解し、適切な提案を行うことが重要ですが、多くの企業ではこのプロセスを営業担当者の勘や経験に頼ることが多いからです。

　一休でも営業のデータドリブン化が課題でしたが、少しずつ進んでいます。取引先の売上状況をリアルタイムにデータで捉えられる点に着目し、**「各営業担当者が、今日どの取引先に訪問すべきか、その取引先に何を提案すべきか」をデータが示唆する**ようになっています。

　仮に、過去の売上推移から将来の売上が予測できるとした場合、今の売上状況が予測値を大きく下回っていれば、その取引先が現時点で何らかの障壁を抱えていることが推察されます。また、売上が予測値から下回る順に取引先を並べれば、その上位の取引先が今日優先的にフォローすべき取引先といえます。

　さらに、個別の取引先の売上を詳細に見ていくと、その取引先がなぜ予測値を下回っているかも分かります。例えば、取引先から頂いている在庫が減っている、商品の魅力が落ちている、特定の商品の売上が下がっているなど、課題をドンピシャで教えてくれるわけです。課題がクリアになれば、営業担当者は「その課題をどのように解決するか？」という最もクリエイティブな提案業務に集中できるようになるのです。

　このように、営業活動においてもデータの活用は大きな利点をもたらし、今後のビジネスの効率性を大きく改善する可能性があると思います。

第 5 章

データドリブン
施策の具体例

持続的な事業成長

顧客
（誰に）

施策
（何をするか）

顧客の理解

データドリブンを実践する組織風土

データ

5.1

何をもって勝負するのか

▋「商品」で差別化するのか、「売り方」で差別化するのか

　ここまで読み進めていただいた方は、データは顧客そのものであること（序-1章）、データドリブンに関する課題（2-3章）、そして具体的な顧客理解の方法（4章）を大まかに習得されたと思います。5章でいよいよ「どのようなデータドリブン施策をどのような顧客に実施すべきか」をひも解きます。本書における「誰に・何を」の具体を、ここに凝縮しました。

　ビジネスを俯瞰したとき、**戦略の差別化には大きく「商品」の差別化と「売り方」の差別化があります（図5-1）**。

　メーカーなど自社で商品を製造している業態では、「商品」の差別化が事業の根幹です。商品自体の改善は、カスタマーサービスへの問い合わせやクチコミ投稿、アンケートなど、顧客の声を頼りに古典的な手法で行われてきました。昨今では、顧客の行動履歴データを活用した商品開発も広がっています。例えばNetflixは、ユーザーの検索履歴、視聴履歴、再生・停止・再開などの行動データを利用して視聴者の好みや傾向を把握し、それに基づいてオリジナルコンテンツの制作などを進めています。

▶ 図5-1 事業を差別化する2つの要素：「商品」の差別化と「売り方」の差別化

	「商品」を差別化する	「売り方」を差別化する
内容	商品そのもの、あるいは、商品の研究開発／製造プロセスで差別化 ・研究開発／製造部門で行われることが多い	販売チャネル、プライシング、プロモーションなどの 売り方≒顧客体験で差別化 ・マーケティング／セールス部門で行われることが多い
データドリブン／AI施策の例	**社内外のデータを活用して「商品」を開発／改善** ・顧客のクチコミ投稿やSNS投稿 ・顧客の行動履歴データ　など **「製造プロセス」の最適化** ・センサーなどを使用して、生産プロセスのデータを収集し、生産効率を最適化　など **「サプライチェーン」の最適化** ・IoTデバイスをなど使用して、サプライチェーン全体のデータを収集し、原材料や部品の調達を最適化　など 　　　　　　　　　　　⋮	**需要予測に基づき「仕入れ」を最適化** ・商品ラインアップの最適化 ・在庫の最適化　など **顧客の行動履歴に基づいて「売り場」を最適化** ・顧客の購入プロセスを可視化して、売り場を最適化 ・おすすめ商品のリコメンド　など **商品や顧客別に「価格」を最適化** ・「商品別」のプライシング ・「顧客セグメント別」のプライシング ・「顧客別」のプライシング　など 　　　　　　　　　　　⋮

　また、商品そのものの差別化に加えて、製造プロセスやサプライチェーンの差別化も行われています。工程の各所にセンサーやIoTデバイスを導入し、AIの画像認識技術を活用することで、リアルタイムに製造プロセス全体をモニタリングし、問題がある箇所や効率が低い部分を即座に検知します。これによって、生産効率の改善や部品在庫の最適化など、多くのデータドリブンな業務改善が実行されています。

　一方、自社製造をしていない業態は、どうでしょうか。商品については、あくまで「すでにあるものを仕入れて売る」ということになり、工夫する余地はほぼありません。例えば仕入れ100％の小売業なら、何を仕入れるか、どう売るか、いくらで売るかなどの「売り方」の差別化が事業の根幹になります。

ただ、成熟社会においては日常的な商品の多くがコモディティ化しており、一昔前なら商品の差別化で勝てた市場でも、商品の差が小さくなりつつあります。そのため、今や商品で差別化できる業態も総出で売り方 (＝顧客体験) の差別化にも注力するようになっています。

　一休も、かつては“高級宿だったら一休”と「商品」で差別化できていましたが、同業他社も高級宿を販売するようになって商品の差が小さくなり、その後「売り方」による差別化という方向へと舵を取っています。これは競争力の源泉が「商品」から「売り方」にシフトした典型例といえます。

▌「売り方」の差別化に向けたデータドリブン施策

　では、売り方の差別化を追求する際、データドリブンな施策をいかに取り入れるべきでしょうか。私は、売り方を差別化するために次の4つのプロセスを検討すべきだと考えています。「仕入れ」「売場づくり」「プライシング」「プロモーション」です (**図5-2**)。

> 1. 仕入れ
> 2. 売場づくり
> 3. プライシング
> 4. プロモーション

　例えば小売業に代表される販売活動を考えると、商品を販売するためには、まず信頼のおける「仕入れ」が欠かせません。次に、商品を適切に売り場に配荷して「売り場づくり」を行い、そして適正な「プライシング」を実施します。さらに、商品を多くの顧客に知ってもら

▶ **図5-2 事業を差別化する要素：「売り方」の差別化**

	仕入れ	売り場づくり	プライシング	プロモーション	販売
		「商品」を差別化する		「売り方」を差別化する	
データ ドリブン ／ AI施策 の例	需要予測に基づき「商品ラインアップ」を最適化 ・売れ筋強化 ＋死に筋排除 需要予測に基づき「在庫」を最適化 ・在庫切れや過剰在庫の防止 需要予測に基づき「リソース」を最適配置 ・人員配置 など :	顧客の行動履歴に基づき「売り場」を最適化 ・顧客の購入プロセスを可視化して、売り場を最適化 顧客の「おすすめ商品」を最適化 ・おすすめ商品のリコメンド など :	「商品別」のダイナミック・プライシング 「顧客セグメント別」のプライシング ・ロイヤルティ・プログラムなど 「顧客別」のパーソナライズド・プライシング :	顧客獲得に向けた「広告」配信の最適化 ・伝統的な広告媒体の最適化 ・デジタル広告の最適化 など 顧客のリピート促進に向けた「コミュニケーション」の最適化 ・顧客別のパーソナライズド・コミュニケーション など :	

うための「プロモーション」の活動も、欠かせない要素になります。これらすべてのプロセスにおいて、多くのデータドリブン施策が導入されています。

この4つのプロセスで、どのようなデータドリブン施策が行われているか、順を追って紹介します。

1. 仕入れ

これは近年のテクノロジーの発展、とりわけAIの発展で急速に進化している領域です。

需要予測に基づく商品ラインアップの最適化、つまり売れ筋商品を強化し、死に筋商品を早期に排除することは、小売業にとって極めて

重要な競争戦略となっています。また、序章で挙げたおにぎりの発注の例のように、商品の需要予測を活用すれば、在庫切れや過剰在庫を未然に防ぎ、ビジネスの効率性を向上できます。

　特に在庫の最適化は、廃棄が多くなりがちな業態で有効です。在庫を減らす手段は、実は2つしかありません。**需要の予測を100%当てること、または、リードタイムをゼロにすること**です。需要の予測が当たるのであれば、需要に合わせて計画的に生産できるので在庫をゼロにできます。あるいは、需要の予測が当たらなくてもリードタイムがゼロであれば、注文を受けてから生産できるので、この場合も在庫をゼロにできます。そのため、在庫を抱える多くの企業では、需要予測の精緻化とリードタイムの短縮化に取り組んでいます。

　また、**需要予測による最適化の対象は、商品在庫だけでなく、人員配置などのリソースの最適化にも使われています。**例えばUberは、エリア、時間、天候、イベントなどの情報を取り入れて需要を予測し、その結果に基づいてドライバーの位置を最適化します。これにより、顧客の待ち時間を短縮し、ドライバーの稼働時間の効率化を図っています。

　レストランやホテルでも同様に、時間帯、曜日などのデータをもとに来店客数を予測し、適切な人員を配置しています。これにより顧客サービスを向上させ、労働コストを効率化しています。ほかにも、航空会社でたくさんの飛行機をどの路線でどう運航させるかといったテーマも、需要予測に基づくリソースの最適化問題としてデータドリブンな解決が図られています。

2. 売場づくり

　データドリブンが可能にした顕著な施策のひとつとして、売り場改善があります。顧客の購入プロセス（カスタマージャーニー）を分析することで、実現できるようになっています。

　例えば、小売業界では顧客の購買データを細かく分析し、売り場の設計を最適化しています。過去の売上データから、特定の商品の同時購入（データ分析における同時購入の例としてよく語られる「ビールとおむつ」など）を発見し、これらの商品群を店内で物理的に近い位置に配置することで、売上増加を図っています。さらに店内の顧客の動きを追跡し、店内のどのエリアが最も混雑しているかをヒートマップとして可視化している小売店もあります。人気のある商品の配置や、混雑緩和のための通路の調整などにより、満足度の高い売り場を実現しています。

　リアルな小売店に限らず、eコマースのサイトやアプリも"売り場"です。eコマースでも、売り場の最適化は積極的に取り入れられています。オンライン環境では、顧客ごとに売り場を出し分けられるので、A/Bテストによる売り場（並べ方や強調の仕方など）の改善が活発に行われています。さまざまな商品をランダムに顧客に提示し、顧客の反応が良いほうを選択しながら改善を進めることができるのです。

　特筆すべきは、AmazonやBooking.comなどの先進的なeコマース企業の取り組みです。これらの企業は売り場を細かく分解して、それぞれのパーツで独立したA/Bテストを同時に行っています。具体的には、次のような分解があります。

- エリア軸：日本、アジア、北米、欧州……
- デバイス軸：PC、スマホ、アプリ……
- 購入プロセス軸:トップページ、商品リストページ、商品ページ、購入ページ……

こうした軸で売り場を細かく分解し、それぞれのパーツで独立したA/Bテストを同時に走らせています。例えば、次のページに対して、複数のサイトデザインを顧客に表示したとします。

- エリア軸：日本
- デバイス軸：スマホ
- 購入プロセス軸：商品ページ

その複数のデザインのうち、商品ページから購入ページへの遷移率が最も高いサイトデザインを選択します。前述のようなeコマース企業は、このようなサイト改善をすべてのエリア、すべてのデバイス、すべての売り場で実行し、同時に数千程度のA/Bテストを日々走らせているといわれています。

加えて、昔はA/Bテストの結果を人が目で確認し、それに基づいて次のステップを判断していました。ですが技術の進化によって、自動最適化を担うアルゴリズムも発展し、リアルタイムのテスト結果に基づいた最も効果的な選択肢への切り替えが自動的に行われるようになっています。

さらに、売り場改善はサイトデザインなどの静的な改善のみならず、動的な（ダイナミック＝その瞬間の状況や条件に基づく）売り場

の改善も行われています。顧客ごとに異なる表示ができるeコマースの特徴を活かしたもので、顧客ごとの行動履歴に基づいて商品の表示順序を変更したり、おすすめ商品をパーソナライズして表示したりするような取り組みです。**個々の顧客のニーズに合わせた最適化を行うことで、より効果的な顧客体験を提供できます。**

　先進的なグローバルeコマース企業が、世界の至るところでどんどんシェアを拡大して成長しているのは、このような「静的＋動的」な売り場改善によるところが大きいと思います。

3. プライシング

　価格の最適化には大きく、次の3つがあります。

> ① 商品別のダイナミック・プライシング
> ② 顧客セグメント別のプライシング
> ③ 顧客別のパーソナライズド・プライシング

　こちらも、順を追って紹介します。

3-① 商品別のダイナミック・プライシング

　「ダイナミック・プライシング」とは、同じ商品であっても、需要と供給のバランスをもとに価格を柔軟に変動させることです。多くの宿泊施設や航空会社は、在庫の需要と供給、予約のタイミング、季節や祝日、特定のイベントなどの多くの変数を考慮して価格をリアルタイムで変更しています。特に海外では、スポーツイベントやエンターテインメントの公演でも、人気度や座席の場所などを考慮して、チケットの価格がダイナミックに変動するようになっています。

もっと日常的な例を挙げると、スーパーマーケットのお惣菜や鮮魚コーナーで見られる夕方の値下げ、または在庫の過剰となった野菜の特売なども、ダイナミック・プライシングの一環です。これらは現状では、勘と経験に基づいて行われていることが多いですが、今後はどんどんデータドリブンに実行されるようになっていくでしょう。

　過去の販売実績とリアルタイムの在庫データがあれば、ダイナミック・プライシングをデータドリブンに実行できるようになります。そのためには、仕入数と販売数を連携させて在庫数を正確に把握することや、IoTデバイスやセンサーなどを店舗に設置して、リアルタイムに在庫数を計測することも必要になるでしょう。また価格表示も、従来の手書きなどのアナログ表示からデジタル表示に変更すれば、全国の店舗の商品価格を本社から一括で変更できるようになります。このようなテクノロジーの導入によって、より精緻な価格調整がデータドリブンに実行され、より多くの成果を得ることが期待されています。

3 - ② 顧客セグメント別のプライシング

　顧客"セグメント"別に価格を変えるというのは、異なる顧客属性に合わせて価格を設定するアプローチを指します。古典的な例では「学割」「シニア割」といった年齢や顧客属性に応じた価格優遇や、曜日など特定の日の割引、またこれらを組み合わせた「水曜日はレディースデー」のような割引があります。近年増えている「ファミリープラン」のような家族内のユーザーを優遇する方法や、新しい顧客を紹介したら少しお得になる「お友達紹介キャンペーン」などは、顧客間の関係性を反映した顧客セグメント別プライシングです。

　顧客セグメント別プライシングの代表例として、ロイヤルティ・プ

ログラムが挙げられます。一般的には、顧客の利用度に応じてセグメントに分類し、使えば使うほどお得になる価格体系を適用して、顧客の継続利用を促進するプログラムを指します。航空会社のマイレージ・プログラムなどが、その典型例です。

どのランクの顧客にどのような特典をつけるか、データを活用して緻密に検討するケースも増えています。例えば、ある百貨店のロイヤルティ・プログラムでは、年間30万円以上のお買い物をする顧客は常に8％オフといった特典がありますが、これらの設計もおそらくデータから導き出されているでしょう。

次のチャートは、顧客あたりの年間利用金額を横軸に、その顧客からの売上を縦軸にして、売上の分布を表したものです（**図5-3**）。

▶ **図5-3 ロイヤルティ・プログラムのデータドリブンな実践例**

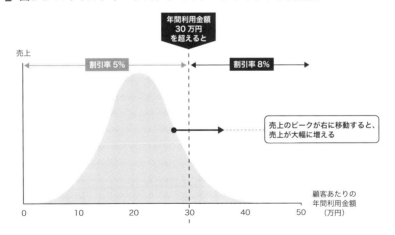

※グラフ・数字はイメージです

チャートを見ると、年間20万円程度を利用する顧客層からの売上がピークになっています。このピークが年間20万円から増えること、すなわち売上のピークが右に移動することが、企業の売上を大幅に増やす可能性があるため、その動きを促進する施策が求められます。先の百貨店の「年間30万円以上買うと8％オフ」の例では、年間20万円を利用する顧客に、追加であと10万円利用すれば割引率が8％に増えるというインセンティブ付けをすることで、売上のピークを右に動かすことを狙っているのです。

ロイヤルティ・プログラムにおける特典設定は、企業の収益を大きく左右する要因のひとつです。売上のピークを動かせるような特典を設計し、顧客に適切なインセンティブ付けができれば、大きな成果を上げることができます。

3 - ③ 顧客別のパーソナライズド・プライシング

顧客別のプライシングは、②の顧客セグメント別のプライシングとは異なり、顧客単位のプライシングという意味です。セグメントではなく、完全に顧客一人ひとりに最適化するものです。

典型は、会員カードなどの提示が前提ですが、リアル店舗のレジで次回の割引クーポンをもらうような例です。決済手段も従来の現金から、クレジットカードや電子マネー、顔認証決済など、どんどん顧客を「個客」として認識できるようになっているので、よりパーソナライズされた価格設定が進化しています。

eコマースでは、すでに顧客ごとに価格をパーソナライズする動きが進んでいます。顧客ごとの行動履歴を分析し、購入確率を予測し

て、最適な割引や特別価格を提示しています。つまり「Aさんが見る
ページとBさんが見るページでは、価格表示を変えている」のです。
例えば、頻繁にアクセスする顧客は通常価格でも購入するので割引し
ないけれど、アクセスが少ない顧客は通常価格では買わない確率が高
いので割引価格を表示する、などです。

　顧客別のプライシングは、BtoCだと違和感があるかもしれません
が、BtoBでは日常的に行われています。そもそもBtoBでは商品や
サービスの定価はあってないようなもので、取引先ごとに個別の価格
＝見積もりを提示することが一般的です。そのため、**どの顧客にどの
ような価格を提示するかが、経営戦略上で最も大事な意思決定のひと
つ**になっています。

　コンサルティング会社に勤めていたころ、トラック製造企業のプラ
イシング・プロジェクトを担当したことがありました。同じトラックで
あっても、顧客によって1台500万円で売れることもあれば、1台1,000
万円で売れることもありました。それほど、同じ商品であっても値段
が大きく異なる業界でした。したがって、適切な価格で商品を販売す
ることがビジネスに大きな影響を与える事業構造となっていました。

　一般的に価格を上げると販売ボリュームが減ることが想定されます
が、このプロジェクトでは、価格を上げると同時に販売ボリュームも
上げることに成功しました。要因は、顧客をきちんと見極めることに
ありました。

大まかに、顧客は次の3グループのいずれかに分類されます。

a) 価格を上げても購入する顧客
b) 価格を上げたら購入しないが、価格を下げたら購入する顧客
c) 価格を下げても購入しない顧客

　まず大事なことは、aと判断される顧客に対して価格を上げて、販売ボリュームを維持し、bと判断される顧客に対して価格を下げて、販売ボリュームを拡大することです。そうすることで、aの顧客で価格を上げ、bの顧客で販売ボリュームを上げて、トータルとして価格と販売ボリュームを同時に両方上げることにつなげるのです。

　これらの顧客の見極めの精度を高めるために、顧客のトラック保有台数、ブランドごとの所有割合、トラック購入の意思決定者、購入予定のトラックの種類などを細かくヒアリングし、さまざまなデータと過去の販売実績を分析しながら、各営業現場から上がってくる見積書に対して、本社で顧客への提示価格を判断するようにしました。それまでは営業現場も本社も感覚的に、前回の販売価格に縛られて「安くしなければ買ってもらえない」という思考回路で価格交渉を繰り広げていましたが、そこにデータ分析を持ち込んだのです。

　プライシングは大きな経営インパクトにつながりやすく、顧客別や商品別まで極めると、相当に奥深いテーマだと思います。もし私が新しい企業の社長になったら、利益向上のためにまずプライシングによる業績改善の可能性を検討すると思います。**商品を変えず、価格を改善できるなら、経営にとって最も効率的な施策になる**からです。

4. プロモーション

　商品を多くの顧客に知ってもらうためのプロモーション活動としては、大きく次の2つに分けられます。

> ① 新規顧客を対象とした広告による認知獲得
> ② 既存顧客を対象とした顧客コミュニケーション（CRM）

　それぞれで実施されている、データドリブンな施策を解説します。

4 - ① 新規顧客を対象とした広告による認知獲得

　テレビCMを中心とした伝統的な広告でも、データドリブンなアプローチが盛んに活用されています。テレビCM放送後にどれだけの人が企業のWebサイトを訪れたか、商品を購入したかなどの行動（アトリビューション）を分析し、広告効果を測定しています。もしくは、テレビCMで特定のプロモーション・コードを提供し、使用回数を追跡して、テレビ広告の効果を具体的に測定することもできます。

　オンライン広告のターゲティングも非常に緻密になってきました。主要なオンライン広告プラットフォームであるGoogle広告やFacebookは、ユーザーの検索履歴、Webサイトの閲覧履歴、デモグラフィック情報などの詳細なデータを駆使して、各ユーザーにとって最も関連性の高い広告を精緻に表示しています。

　これに応じて、広告を出稿する企業側も、オンライン広告のチャネル、出稿コンテンツ、そして出稿価格をデータドリブンに最適化するようになってきています。さらにA/Bテストを使用すれば、どの広告コンテンツが顧客の興味を引き付け、サイト訪問を促進し、購入確率

を向上させるかを正確に検証できるようになっています。このような最新の広告配信手法は、新規顧客を効果的に獲得するための重要な施策となっています。

4 - ② 既存顧客を対象とした顧客コミュニケーション（CRM）

顧客へのコミュニケーションのうち、既存顧客を対象にエンゲージメントを高めるための活動は、CRM（Customer Relationship Management：顧客関係管理）といわれます。例えば顧客別の行動履歴に応じて、興味を持ちそうな商品に絞ってカスタマイズしてお知らせするなど、細やかなアプローチがデータドリブンで可能になっています。メール、LINE、アプリ通知、ブラウザのプッシュ通知など、さまざまなコミュニケーション・チャネルで行われています。

このようなコミュニケーションは、何もネットに限った話ではありません。かつては顧客コミュニケーションというと、一律で印刷したカタログやチラシなど紙媒体によるお知らせが主流でしたが、最近はカタログをパーソナライズする動きも出てきています。例えば、法人向けAmazonともいわれる資材調達ECのモノタロウでは、顧客におすすめの商品を冊子にプリントして郵送しています。そのおすすめ商品は顧客別にパーソナライズされ、しかも価格も顧客別にパーソナライズされています。顧客コミュニケーションのデータドリブン化は、インターネット上に留まらず、リアルなコミュニケーションまでも大きく変えています。データドリブンなマーケティングは、データと技術の発展を背景に絶えず進化し続けているのです。

5.2
一休のデータドリブン施策
——3つのパーソナライズ施策

▌「商品」ではなく「売り方」で差別化する

　では、実際に取り得る「データドリブン施策」の具体例として、一休が実践していることを紹介します。一休では、もともと取り扱う商品が同業他社とほぼ同じなので、売り方だけが差別化のポイントです。また、宿泊施設が在庫を出しているので、仕入れも一休と同業他社でほぼ同じになります。そのため、一休が売り方の差別化に向けて取り組んでいることは、売り場づくり、プライシング、プロモーションの3つになります（**図5-4**）。

　先に申し上げると、一休で特に注力しているのは「パーソナライズ」です。5.2では、データドリブンでパーソナライズを実現している3つの施策について紹介していきます。

> 1.「おすすめ商品」のパーソナライズ
> 2.「顧客コミュニケーション」のパーソナライズ
> 3.「プライシング」のパーソナライズ

　一休の売り方の差別化とは、つまり「パーソナライゼーションの徹底」であり、それによる顧客体験（UX）改善だと考えています。

▶ 図5-4 一休で取り組んでいる「売り方」の差別化

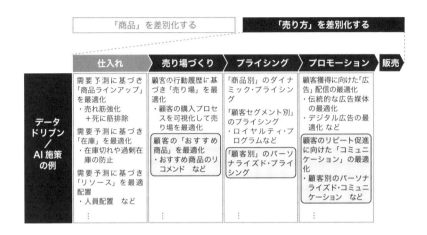

単に人気の宿を推したり、大幅な割引をしたりするだけでは、顧客との心の距離は縮まらず、当たり前ですが企業の体力も削がれていきます。そこで、それぞれの顧客の興味にマッチした商品をパーソナライズして提案することと、私たちの利益を確保することの両方を、データの力を使って実現しています。

顧客体験は、業種や企業によって少し違うニュアンスで使われたりしますが、ここではWebサイトを主戦場に、一休が最も工夫する余地があるものとして捉えています。ホテルZに泊まりたいと思ったら、私たちの競合サイトでも予約できます。ですので、その手前までの「予約体験」をできるだけ引き上げることを常に考えています。そこには、ホテルをぼんやりとしか決めていない方や、まったく決めていない方への最適な提案も含みます。

　当社のような企業においては、顧客体験の改善が差別化要因のど真ん中であり、競争力の源泉になります。ただ、その源泉としているパーソナライゼーションは、商品の差別化が中心となる企業にも大いに有効なはずです。商品の差別化は大事ですが、その飽和やコモディティ化が進む今は、**売り方のパーソナライゼーションによる差別化もインパクトがあり、顧客体験向上に貢献**します。何万人の顧客がいようと、一人ひとり異なる人なので、その人に合ったサービスをするのは大前提であり、一休でとても大事にしていることです。

　では、それぞれについて解説していきます。

1.「おすすめ商品（リコメンド）」のパーソナライズ ——表示内容がまったく異なる

　パーソナライズによる顧客体験改善のひとつ目は、リコメンドです。いくつかの種類がありますが、まず、検索結果をパーソナライズしています（**図5-5**）。簡単にいうと、同じ検索条件でも、Aさん、Bさん、Cさん……の顧客別にサイト内検索の結果をすべて最適化しています。

　同じAさんでも、1人で泊まるのか2人なのか3人なのか、検索条件によっても結果を変えています（**図5-6**）。

　トップページに表示される宿も人によって違います。ログインしていない状態だと、一般的に人気の高い宿が上位に表示されますが、そこで例えば私がログインすると、私好みのラインアップに一気に変わります（**図5-7**）。

▶ 図5-5 おすすめ商品のパーソナライズの例：顧客別での最適化

出典：一休.com https://www.ikyu.com/

▶ 図5-6 おすすめ商品のパーソナライズの例：宿泊人数での最適化

出典：一休.com https://www.ikyu.com/

▶ **図5-7　トップページでのリコメンド例**

Aさん（未ログイン）　　　　　　　　Bさん（ログイン済）

出典：一休.com　https://www.ikyu.com/

　パーソナライズは、顧客ごとに行動データを把握できていれば、さほど難しい仕組みではありません。ロジックの組み立て方は、閲覧履歴を参照するのか、宿泊履歴を参照するのか、期間をどう見るかなどいろいろな方法がありますが、要は「このお客様が予約しやすい宿」を推測して提示すればいいのです。

　ただ、それだけだと偶然の素敵な出会い、言い換えるとセレンディピティが少ないので、**いい塩梅で「most popular ＝ 全顧客に人気の宿」も織り交ぜています。** すべてが個別最適のリコメンドなら、100％パーソナライズが利いているといえますし、そこからmost popularの割合が増えていくほどパーソナライズ度合いは減っていきます。この塩梅は、私たちが推測しているのではなく、常に顧客の反応が最も高まるようにバランスを調整しています。最近少しトレンド

に変化が現れており、興味深く見ています。これについては、後述します。

顧客別の最適な"パーソナライズ度合い"

リコメンドにどこまでパーソナライズを利かせるべきかは、データ活用の技術が進むほど、なかなか取り組み甲斐のあるテーマになってきていると感じています。なぜなら、**顧客は潜在的には必ずしも「100%パーソナライズしてほしい」と思っていない**からです（厳密にはそういう人もいるのでしょうが、100%パーソナライズすると、顧客全体の満足度は低下してしまうのです）。データを見ていてもよく分かりますし、私自身が一休をヘビーユースしていても、実感することがあります。

いろいろな模索の結果、現状は一休では顧客別に"パーソナライズ度合い"を調整しています（**図5-8**）。

例えばヘビーユーザーは、自分好みの宿や方向性が明確で、過去の閲覧や宿泊データが多いので、ある程度は強めにパーソナライズするほうが喜ばれます。価格帯やエリア、旅館かホテルかはもちろん、旅館でもクラシックな宿が好みか、それとも和モダンな感じが好きなのかなどの顧客の好みも反映して提案します。そこに、少量のmost popularをリコメンドに織り交ぜていく感じです。

一方でライトユーザーは、夏休み前などシーズンごとに利用いただくことが多く、去年泊まった宿に再び行きたいとは限りません。また利用頻度も低いので、私たちが顧客を十分に理解できているとはいえません。ですので、顧客の行動履歴から推測されるパーソナライズを

▶ 図5-8 パーソナライズ度合いの調整方法

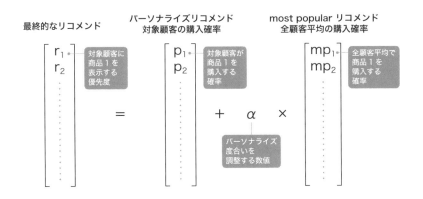

強くするよりは、「今人気なのはこの宿！」と全顧客に人気が高い
most popularを打ち出すほうが喜ばれる傾向にあります。

　ここまでは、顧客心理やニーズと照らし合わせても妥当で、分かり
やすいと思います。では新規ユーザーはどうなのかというと、ヘビー
ユーザー並みの強いパーソナライズを利かせています。

　そもそも新規ユーザーでデータが少ないのに、どうやってパーソナ
ライズしているのか、と思われるかもしれません。仕組みはシンプル
で、とにかく直前のセッションの閲覧履歴に基づく提案を重視してい
ます。新規ユーザーには、①家族で旅行に行きたいなどの何らかの動
機があって検索している、②閲覧から予約まで数日の検討期間があ
る、という特徴があります。その行動を見ていくと、24時間の間に
朝、昼、夜と検索したりしているのです。ある程度、宿の絞り込みを

した上で、夜に家族に相談して予約する……というカスタマージャーニーがイメージできます。

そのジャーニー上でいちいち「はじめまして」のおもてなしをするのは無粋なので、直前の行動に忠実に、少ない情報をかき集めてバリバリにパーソナライズを利かせています。それが正解というより、顧客が「それがいい」と教えてくれている感覚です。

解くべきは「パーソナライズと most popular のバランス」

さて、先ほど後述すると書いた「パーソナライズと most popular のバランス」についてです。パーソナライズの度合いは顧客別に調整しているものの、それぞれどのくらいが最適かは、時期や時代によって変わります。**パーソナライズに関しては、このバランスをどう取るかが、経営とデータサイエンティストが解くべきいちばんのイシュー**だと思います。

ここ数年の変化で非常に興味深いのは、以前はパーソナライズ強めのほうが反応はよかったのですが、それが少しゆるくなっていることです。ヘビーユーザーでも、自分好みの宿ばかりでなく、most popularをより多めに織り交ぜるほうが好まれるようになっています。

考えてみると、eコマースでもニュースサイトでも、リコメンドが強すぎると「偏りすぎだ」と感じたり、何なら「ここまで推測されてしまうのか」と少々嫌悪感を抱いたりすることもあると思います。このような感じ方の変化も、顧客の行動データに現れているわけです。私たちとしてはこの**データの変化を敏感に捉え、たまたまなのか、それとも時代の影響による中長期的なトレンドなのかを見極めて、仕組**

みに反映しています。

　まったくパーソナライズしていなかったころに比べると、これらの「おすすめ商品」のパーソナライズ施策を通して、数百億円規模の販売額の増加が得られています。これは手応えのある数字であり、何より顧客に好まれる提案ができている結果だと考えています。

2.「顧客コミュニケーション」のパーソナライズ —— 多種類のコンテンツを少数配信

　パーソナライズによる顧客体験改善の2つ目は、コミュニケーション施策です。一休では主に、メールで顧客にアプローチしています。もちろん、LINEやアプリでの通知、サイト上でのメッセージ通知など多様なコミュニケーション方法を活用していますが、今もメールが顧客コミュニケーションの中心です。

　LINEやアプリのプッシュ通知は、まるで顧客の自宅を急に訪問してチャイムを鳴らして顧客を呼び出すような、強いメッセージになりがちです。一方でメールは、送っておいて興味があれば見て下さいというスタンスで、ほどよい距離感のコミュニケーションツールだと捉えています。

　一休の顧客コミュニケーションの最大の特徴は、開封率をはじめとした各種の顧客の反応が非常に高いことです。1日あたり約10万通のメールを配信したら、約6万人がメールを開封されており、割合にすると約60%の開封率です。開封率が高いことは、顧客が一休からのアプローチを楽しみにして下さっている証しでもあり、その後のサイ

ト訪問や購入確率も他社と比べてかなり高い水準にあります。業界大手の企業が配信するメールは、数十万から数百万通単位の配信が多いように思います。また、私の知る限り開封率は10〜20％もあれば高いほうではないでしょうか。

　そもそも**顧客コミュニケーションの目的は、顧客行動の活性化やエンゲージメントの最大化**です。しかしKPIとしては、顧客コミュニケーション経由の"売上"を設定しているケースが多いのです。その目的とKPIの微妙なミスマッチのため、現場は必要以上に多くの顧客にメールしてしまう傾向にあります（**図5-9**）。

　例えば沖縄の宿で魅力的なオファーがあったら、稚内に住んでいる顧客にも提案しよう、という思考回路になってしまうのです。その稚

▶ **図5-9　一休の顧客コミュニケーションの特徴**

	よくある企業の顧客コミュニケーション		一休の顧客コミュニケーション
目的	「顧客行動」の活性化	≒	「エンゲージメント」の最大化
目標数値 (KPI)	顧客コミュニケーション経由の「売上」の最大化	≠	コミュニケーションを楽しみにして下さる顧客数
実施内容	「少数コンテンツの大量配信」 ・企業が知ってほしい内容を ・企業が送りたいタイミングで ・できるだけ多くの顧客に配信	≠	「多数コンテンツの少量配信」 ・顧客が知ったら喜ぶと思う内容を ・顧客行動をトリガーに ・顧客を絞って配信
よくある配信例	1日あたり約100万人に配信 ・例）1日あたり2種類のコンテンツをそれぞれ50万人に配信	≠	1日あたり約10万人に配信 ・例）1日あたり500種類のコンテンツを1種類あたり平均200人に配信

内の方が沖縄の宿を熱心に見ていたらいいですが、そうでないなら、顧客にとって望まれないコミュニケーションになります。しかし目標が顧客コミュニケーション経由の売上となっていれば、稚内の顧客が沖縄の宿を予約する確率もゼロではないから「送ったほうが良い」と判断してしまうのです。しかも郵便と違って、メールは1通でも100万通でもさほど送付コストが変わりません。それも、企業がメールを送りすぎる傾向に拍車をかけています。

　また、多数のコンテンツを準備して顧客に応じて出し分けるのは大変な手間がかかるので、「少数のコンテンツ」をできるだけ多くの顧客に「大量配信」することが、多くの現場で最適解となっています。ある大手企業が、1日あたり2種類のコンテンツをそれぞれ50万人に配信していました。50万人が共通して興味を持つコンテンツは、なかなかないでしょう。それにも関わらず、現場は「少数コンテンツの大量配信」を続け、その結果、開封率や購入率などの顧客の反応が長らく低下する状況が続いていました。そして、コミュニケーションを楽しみにして下さる顧客数を長い間、減らし続けていました。

　一方、一休では1日あたり約500種類のコンテンツを、1種類あたり平均約200人に配信しています。顧客が知ったら喜ぶと思われる多種多様なコンテンツを先に準備しておいて、**特定の顧客行動をトリガーにし、顧客を絞って配信するという「多数コンテンツの少量配信」に取り組んでいる**のです。

　当然ですが、「少数コンテンツの大量配信」のほうがはるかにオペレーションが簡単です。しかし、より良い顧客体験には反します。私たちのコミュニケーションに比較的多くの顧客が反応して下さる理由

は明らかで、徹底的に顧客行動に寄り添おうとしているからに尽きます。

　具体的には、私たちは次の2つのアプローチをとっています。

① 送る相手を決めているなら、コンテンツをパーソナライズする
② 送るコンテンツを決めているなら、送る相手を厳選する

　①は、例えば「昨日サイトを訪問して予約しなかった顧客にアプローチする」といった場合です。このとき、送る内容はすべてパーソナライズしています。該当する人が100人いたとしても、そのAさん、Bさん、Cさん……は閲覧した宿がまったく違うので、おすすめする宿も当然違います。

　一方、②は例えば熱海の旅館から特別なプランが出て、それをお知らせしたい場合などが該当します。旅館の特徴と、顧客の好みをマッチングして、購入確率が高いと予測された顧客に厳選して送ります。

　ここで"厳しさ"の基準をゆるめるのは、瞬間的にはいい数字が上がるかもしれませんが、後々で自分たちの首を絞めることになるので注意しています。ゆるさが続くと、一休のコミュニケーションへの期待値や満足度が下がり、だんだんと開封率も購入確率も下がっていきます。そのため、「①か②のいずれかで厳選して配信すること」を繰り返し伝えています。

アクションではなくリアクション　——顧客行動をトリガーにする
　では、これらの顧客コミュニケーションをどんなタイミングで実施しているのか。基本的には、先のように顧客行動をトリガーに配信し

ています。私たちの都合で送るのではなく、顧客の何らかの行動を
きっかけとし、それに対してリアクションするプログラムをたくさん
組んでいます。

　例えば、前述の「昨日サイトを訪問して予約しなかった顧客にアプ
ローチする」メールなら、「訪問して予約しなかった」という顧客の行
動に基づいたアプローチになります。**アクションではなく、リアク
ションが鉄則**です。

　「昨日サイトを訪問して〜」の条件はかなり粗い例で、実際には
もっと細かく絞り込んでいるプログラムが大半です。例えば次のよう
な粒度で顧客行動を捉え、リアクションしています。

- Aさんがトップページを訪問し、数分閲覧して離脱した
  →何も送らない
- Bさんがトップページを訪問し、日付を入れて検索して宿を3件
  閲覧したが、予約をせずに離脱した
  →その3件の宿と、類似の宿を10件ほど紹介する
- Cさんが特定の宿「X」を指名検索し、その詳細ページを5分以上
  閲覧したが予約せず離脱した
  →宿「X」の読み物コンテンツを案内する

　Bさんのパターンでは日付を入れて検索しているので、具体的に旅
行に行くことを考えているけれど、まだ宿を決めきれていないと推測
できます。ですので、類似の宿の提案が喜ばれることが多いです。こ
の場合、どのように類似の宿を抽出するかがポイントで、そのために
はどのような3件の宿を閲覧していたかに注目します。

例えば3件とも箱根の宿なら、顧客の関心は箱根という「エリア」なので、箱根の売上ランキングをお知らせします。もしその3件が、エリアは関東近県に分散しているけれどすべて"和モダン"な旅館なら、その関心は「宿のタイプ」と判断し、関東近県で人気の和モダン旅館をお知らせします。もし、その3件がすべて部屋単価10万円以上の高級宿であれば、顧客の関心は「価格帯」と判断し、関東近県で人気の部屋単価10万円以上の宿を紹介します。

　このように、閲覧した施設から「エリア」「宿のタイプ」「価格帯」などの顧客の関心を抽出し、その関心に沿った類似施設を提案しています（**図5-10**）。

　一方Cさんのパターンでは、特定の宿をじっくりと見ているもの

**▶ 図5-10　一休の顧客コミュニケーションの例（Bさん）
　　…「宿のタイプ」軸で提案**

出典：一休.com　https://www.ikyu.com/

の、最終的な決め手に欠ける状態にあると思います。こうした場合は、宿についての詳細な読み物コンテンツを送っています。次に挙げたのは、私たちのオウンドメディア「一休コンシェルジュ」オリジナルの取材記事です。写真をふんだんに使い、宿泊者目線でチェックインから施設内やお部屋の佇まい、食事やお風呂など、どのような体験ができるかを隅々まで紹介し、具体的に宿泊を検討している人の購買判断をサポートする役割を担っています（**図5-11**）。

顧客コミュニケーションのクオリティコントロール

アクションではなく、リアクションが鉄則だと述べました。企業側が売りたいものを売りたいタイミングで押し付けるのは、パーソナライズとは正反対です。あくまで、**相手の意識がこちらに向いたときに、ちょうどいいお声かけをすることが大事**です。

▶ **図5-11　一休の顧客コミュニケーションの例（Cさん）**
　　　…1施設を掘り下げた取材記事を提案

出典：一休.com　https://www.ikyu.com/

リアクションよりももっと理想に近いイメージは、顧客行動を予測して、それぞれの顧客に喜ばれるコンテンツをいくつも準備して待っているような状態です。先ほどのオリジナル取材記事も、「このコンテンツをどういう人が読みたいか？」を考えて配信の条件を組み立てています。

　このコンテンツは、前述のパターンに挙げたAさんやBさんには送りません。「もっと宿の詳細をお見せしたほうが喜ばれるはずだ」という人に送るから反応してもらえるのであって、そういう人が取る行動はCさんのような「宿名で指名検索し、その詳細ページを5分以上閲覧した」人だろうと予測しているから送っているのです。

　これらの配信は、都度マーケティング担当とエンジニアが相談したり、データサイエンティストが思いついたりして新たに設定し、安定的に結果が出るものだけを残しています。一休のメール開封率は約60％だと紹介しましたが、1カ月ほど配信を走らせてこれに著しく満たない場合は「顧客に喜ばれていない」と判断し、条件を厳しくします。条件をゆるくすると、当然ながら送り先は増えますが、関心の薄い顧客がどんどん含まれていくため、反応が必ず悪くなるのです。

経営者における"2つの流派"

　このような話をすると、何をKPIにしているのか、とよく聞かれます。メール経由の売上はもちろん把握していますが、私たちはそれを第一のKPIにはしていません。強いていうなら「コミュニケーションを楽しみにしている人の顧客数」をKPIにしています。ふわっとしていると感じられるかもしれませんが、例えば開封数はそのひとつです

し、クリック率や配信停止率などもすべて「顧客の期待」を表す指標になります。

実は、経営者には「良いサービス」に対する考え方に、大きく次の2つの流派があります。

a) 良いサービスを作れば、自然と売上がついてくる
b) 売上を大きくできれば、それが良いサービスである

新たな市場を創造するフェーズなどでは、bの方法が奏功することがあります。まず、売上を拡大して市場のデファクト・スタンダードを獲得し、その過程でサービスを改善しながら良いサービスに育てるようなケースです。しかしこのbの方法は、顧客コミュニケーションの積み重ねで長期的に売上を上げようと思うなら、まったくあてはまりません。なぜなら、単に配信数を増やせば顧客コミュニケーション経由の売上は大きくなるのですが、それは中期的に良いサービスにつながらないからです。

そのため顧客コミュニケーションに限っていうと、aの流派しか成功しないと思います。したがって、まず良いサービスにして、顧客からの期待というアセットを積み上げながら、いかに中期的に売上を最大化できるかを考える、という順番で展開するのが得策だと思います。

企業側の都合で余計なことをするな、といつも思っています。常に、最適解は顧客行動データの中にあります。顧客が教えてくれるのだから、意図や思い込みを捨てて、それに従えばいい。これは、顧客コミュニケーションで気を付けていることのひとつです。

3.「プライシング」のパーソナライズ
　——割引しても利益を維持できる顧客を見つける

　では、パーソナライズによる顧客体験改善の3つ目として、顧客別プライシングを紹介します。宿泊市場の特性上、私たちが宿の価格を変えることはできませんが、私たちの原資による割引はできます。そうはいっても、すべての顧客に割引を提供すると利益がなくなってしまいますし、頻繁な割引オファーでは顧客が煩わしく感じるので、顧客を厳選して割引をオファーするようにしています（**図5-12**）。

　通常、「割引すると利益を棄損する」と思われるかもしれませんが、一休では**「割引しても利益を維持する」**構造を目指しています。どう実現しているのかというと、顧客をしっかりと見極めることです。具

▶ **図5-12　プライシングのパーソナライズの例**

出典：一休.com　https://www.ikyu.com/

体的には次のような顧客を割引の対象にしています。

- 購入額は大きいが、購入確率が低い
- いま購入をためらっていて、割引によって購入確率が上がる

次の表は、1人の顧客に関して「割引なし」「割引あり（5,000円引き）」の場合を比べた想定事例です（**図5-13**）。

例えば10万円の宿を検討している顧客がいて、割引なしの場合の購入確率が5%だとします。この顧客からの期待売上は、10万円（購入金額）×5%（購入確率）＝5,000円になります。仮に粗利率が10%だとすると、粗利は500円、利益も500円です。

▶ **図5-13** 「割引しても利益を維持する構造」とは？

	割引なし	割引あり（5,000円引）
購入金額	10万円	10万円
購入確率	5% ← 仮に5,000円の割引で購入確率が10%増えたら… →	15%
期待売上	5,000円	15,000円
粗利率	10%	10%
粗利	500円	1,500円
割引コスト	0円	750円（＝5,000円×15%）
利益	500円 ← 利益が増える →	750円

この顧客に5,000円の割引を提供したときに仮に購入確率が10%増えるとすると、期待される売上は10万円（購入金額）×15%（購入確率）＝1万5,000円です。粗利は1,500円、割引のコストは5,000円の割引が15%の確率で使われるので5,000円（割引額）×15%（購入確率）＝750円となり、この場合の利益は粗利からコストを引いて750円となります。つまり、割引をしていないケースと比べて利益が増えることになります。

　まとめると、次のような顧客を見極められたときに限って、利益を維持することができます。

- 購入額は大きいが、購入確率が低い
  →10万円の宿を検討していて購入確率が5%
- 割引によって、購入確率が大幅にアップする
  →5,000円の割引で、購入確率が15%に上がる

　当たり前のことですが、すべての顧客に割引を提供すれば、利益は減少します。特定の条件を満たす顧客に対してのみ、割引しても利益を維持する状況が成立するのです。

　そういう顧客は本当にいるのか、と思われるかもしれません。もちろん多くはないのですが、当初想定していたよりも多く存在する、というのが実体験から私たちが学んだことです。

　では、顧客別の購入確率と購入金額はどのように予測できるのでしょうか。一休では、機械学習のモデルを活用しています。購入確率については、サイトを訪問した顧客の行動データ(X)と、その後購入

したかどうか(y)の関連性を機械学習モデル(y = f(X))に落とし込んでいます（**図5-14**）。

　より具体的にいうと、次のような顧客の購買に関連しそうな行動データ(X)を抽出して、予約したかどうかのデータ(y)との関連性を機械学習モデルで学習しています。

- いくつの宿を閲覧したのか
- どのくらいの閲覧ページ数があったのか
- どれくらいの時間、サイトに滞在したのか
- どのようなタイプの宿を閲覧したのか　など

▶ **図5-14　購入確率と購入金額の予測方法**

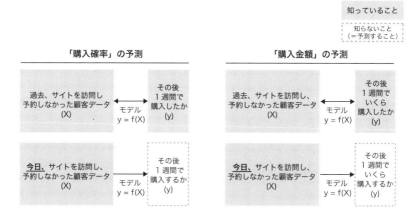

そのモデルを活用することで、今サイトに訪問している顧客の購入確率を予測できるようになるのです。予約金額も同様の手法で予測できるようになります。

　一休では現在、この機械学習モデルによる予測が高い精度でできるようになっています。さすがに、個別の顧客の購入確率と購入金額をズバリと当てることはできませんが、顧客を100人程度のグループに分けた場合は、そのグループ平均の購入確率と購入金額は、かなり高い精度で予測できます。この**予測モデルが、価格をパーソナライズするための礎**となっています。

オファーすべき顧客を見極める

　顧客別プライシングは、以前は顧客が一休のサイトを閲覧した後に、対象顧客を抽出してメールで割引クーポンを送っていました。それを今はリアルタイムで計算するようにし、サイト上に滞在している間に、ポップアップで表示するようにしました（**図5-15**）。後追いのオファーも有効ですが、顧客の心理を考えると、意識がいったん離れてから私たちが再び接触することになるので、顧客にとって煩わしさがありました。リアルタイムにしたことで、まさに宿泊予約に意識が向いているサイト訪問中でのアプローチとなり、購入確率がさらに向上しました。

　繰り返しになりますが、これはあくまで一部の顧客に向けた施策です。いま購入をためらっていて、割引すれば購入確率が上がりそうな顧客を抽出し、最適な割引クーポンを提案することで、顧客の購買判断を後押しするようにしています。

▶ **図5-15 リアルタイムのプライシングのパーソナライズの例**

出典：一休.com　https://www.ikyu.com/

　大事なのは、**顧客の行動をしっかり見て、オファーすべき人を見極める**ことです。特に背中を押さなくても予約する人にクーポンを出すと損失になりますし、逆に予約する意思がほとんどない人に出すと煩わしく感じられます。

　顧客別プライシングの一連は、それが可能なデータサイエンスの能力と、社内インフラ環境が必要です。その上で、一連を構築するには、まず顧客の行動履歴を追って購入確率と購入金額の予測モデルをつくり、予測精度を高めていきます。また、予測の精度が低いと最適な割引額を大きく外してしまい、利益度外視のオファーを重ねてしまう可能性もあるので、**収益性を少なくとも日次でモニタリングできる体制構築**がポイントになると思います。

**▶ 図 5-16　プライシングのパーソナライズをリアルタイムで実現するための
　　　　　　データイメージ**

日時		訪問者 ID	顧客 ID	url	購入確率の予測値	購入金額の予測値	割引額の予測値
2024/2/15	16:28:16	123456789xxxxxxxx	00000123	https://www.ikyu.com/12345678/	0.5%	50,000	0
2024/2/15	16:28:25	123456789xxxxxxxx	00000123	https://www.ikyu.com/12345678/review/	0.7%	51,000	0
2024/2/15	16:28:33	123456789xxxxxxxx	00000123	https://www.ikyu.com/12345678/map/	0.6%	52,000	0
2024/2/15	16:28:42	123456789xxxxxxxx	00000123	https://www.ikyu.com/12345678/?lodging_date=20240501	1.2%	51,000	0
2024/2/15	16:28:51	123456789xxxxxxxx	00000123	https://www.ikyu.com/23456789/	1.5%	60,000	0
2024/2/15	16:28:59	123456789xxxxxxxx	00000123	https://www.ikyu.com/23456789/review/	1.7%	70,000	0
2024/2/15	16:29:08	123456789xxxxxxxx	00000123	https://www.ikyu.com/23456789/map/	1.6%	75,000	2,000
2024/2/15	16:29:16	123456789xxxxxxxx	00000123	https://www.ikyu.com/23456789/?lodging_date=20240501	2.2%	75,000	2,000
.		.	.	.	.	.	.
.		.	.	.	.	.	.
.		.	.	.	.	.	.
.		.	.	.	.	.	.
.		.	.	.	.	.	.
.		.	.	.	.	.	.
.		.	.	.	.	.	.
.		.	.	.	.	.	.

※数字はイメージです

　参考まで、プライシングのパーソナライズをリアルタイムで実現す
るためのデータのイメージを紹介します（**図5-16**）。1行、1行に「ど
の顧客IDの人が何時何分何秒にどの宿を見ているのか、どのような
ページを見ているのか、そのときの購入確率と購入金額の予測値はど
のくらいか、その場合の最適な割引額はいくらなのか？」がリアルタ
イムに計算されています。そして、割引をすべきだとプログラムが判
断した顧客には、その最適な割引額がサイト上にポップアップ表示さ
れるようになっています。

5.3

「余計なことは考えない」の意味

▌「顧客が教えてくれる」という信条

　競争戦略としての顧客体験改善、その背景にある複数のパーソナライズについて紹介しました。これらのすべてを、データドリブンで実行しています。

　もちろん、データからヒントを得て仮説を立てて検証を重ねていますし、定性的な情報も大いに参考にしています。自分たちの発想や着眼が介在しているので、100％機械的に実行しているとはいえないかもしれません。ですがここまでの試行錯誤を振り返ると、**どの取り組みにも、私たちの意図はほとんど含まれていなかった**と思います。「収益を上げる」という大きな命題はありますが、例えば「今期の売上は昨対120％にしたい」とか「宿Zの売上が厳しいから、顧客にプッシュして売上を伸ばしたい」といった、多くの会社で掲げられているような考えはありません。

　こうしたい、そのためにどうするか、と私たちが頭を悩ませて策を立てるのではなく、ただ顧客に忠実な姿勢でここまで来ました。ホテルを検索する人は、ダブルかツインかで選びたい人が多いから、最初からその抽出条件を出しておこう、と素直に対応してきただけです。懐疑的に思われるかもしれませんが、あまり「考えていない」のです。

ここでいう「考えていない」とは、自分たちだけでああだこうだと余計なことを考えないということです。一休では、顧客の行動データにあたらず、社内のメンバーと顔を見合わせながら「Aさんは女性で何歳で、こういう雰囲気が好きなんじゃないか」などと勝手にイメージすることはありません。

　どうしたら顧客が喜んで一休を選んで下さるかは、顧客が教えてくれるのです。具体的には、Aさんという顧客に私たちが何をすべきかは、Aさんに似ている他の100人の顧客が教えてくれます。その100人の平均の行動や好みを提案するのが、最もAさんに喜ばれることだと信じています。**自分たちの頭だけで考えたことよりも、顧客の英知のほうをはるかに信じている**ともいえます。

▎「大いなる知性＝データ」に導かれる意思決定がデータドリブン

　このパーソナライズのようなデータドリブンの施策は、どのようなロジックで考えているのか、とよく質問されるのですが、あまり考えているつもりがないので答えに窮します。「自分たちが考えるのではなく、顧客が教えてくれる」と説明しても、何割かの方はどうしてもピンとこないようです。これまで、ビジネスの主導権を持って事業を伸ばしてきた自負があるからかもしれませんし、自分の頭で考えることをある意味で手放してデータに従うのが不安なのかもしれません。

　ただ、ユーザーに忠実な振る舞いは、実はそれほどめずらしくもありません。例えばAmazonで「ミスチル（Mr.Children）」と打てばミスチルのCDやDVDがずらっと表示されますが、あれは過去に"ミスチ

ル"を検索した人がそのCDやDVDをクリックしてきたからです。"ミ
スチル"を検索した全員が、仮に数百件目に表示されたジェームス・
ブラウンのCDをクリックすれば、早晩Amazonは"ミスチル"の検索
結果1位にジェームス・ブラウンのCDを出してくるでしょう。考え
ず、顧客に忠実になるとは、こういうことです。

　ちなみに、eコマースサイトのリコメンドによく使われる「協調
フィルタリング」というロジックは、そのユーザーと行動が似ている
人の閲覧商品や購入商品をおすすめするものです。協調フィルタリン
グにはいくつかの派生形がありますが、ベースになっている最も古典
的なアルゴリズムは「k近傍法 (k-nearest neighbor algorithm)」とい
い、簡単にいうと「k人のご近所さんを連れてくる」という方法です。
まさに、ご近所さんに教えてもらうわけです。

　しかもk近傍法は、怠惰学習 (lazy learner) という学習アルゴリズ
ムの代表例として知られます。怠惰学習とは、事前にモデルを構築し
て推測するアプローチに対して、モデルを構築せずに予測が必要な際
にデータを都度参照するアプローチです。リコメンドの基本的精神は
「考えない」ことである、と数学の歴史が示しているように思います。

　実際にプログラムを書く際には、文章を書くときに言葉を選ぶよう
に「こっちかな、それともあっちかな」といくつものコード選びの判
断を積み重ねていきます。そのとき、何を拠りどころにするか。顧客
の英知と自分とで「顧客の英知のほうが優れている」と考える人と、
「自分のほうが頭がいい」と考える人とでは都度プログラムが変わっ
てくるので、最終的にまったく違うプログラムができるような気がし
ます。

「顧客の英知を信じている」と述べました。一休が拠って立つのは集合知です。**顧客行動のデータそのものが、非常に大きな知性であり、それに導かれて意思決定することがすなわちデータドリブン**なのです。

▌顧客の姿に、じかに触れよう

さて、本書もそろそろおしまいです。本書の内容をまとめながら、改めて「**データドリブンの要諦は顧客理解だ**」と実感していました。なぜ顧客理解が大事なのだろうかと、何度も自問自答しました。

本書の冒頭で少し触れましたが、私は一休に関わる前、コンサルタントを約10年経験していました。コンサル会社の人は、一度立てた戦略をどこかで「揺るぎないもの」「戦略通りに遂行されて成果が得られるもの」のように思っている節があります。そもそも、戦略立案までを「自分たちの仕事」と考えて、分厚い書類を残して去ってしまうことも少なくありません。

ですが実際は、戦略通りに運ぶことなどありません。戦略はあくまで、自社に都合の良い理想論です。顧客は日々変化し、競合の状況も刻一刻と変わっています。市場はダイナミックに動いています。

一休では私自身が毎週日曜にレポートを書いているので、市場の変化を直接感じています。そして、その気付きを毎週月曜にチームと共有し、施策に反映しています（念のため再度お伝えすると、社長みずからがデータ分析をしてレポートを書く必要性はありません。分析担当者と連携して、短いスパンで変化を把握していけばいいのです）。

この毎週のサイクルが一休では当たり前になっていますが、少し前に転職してきた社員は驚いていたようでした。「以前の会社では、週明けにデータを振り返って分析を始めていたので、動きが遅かった。一休では月曜午前からすぐアクションに移れる。スピード感がある」と話していました。外部からはそう見えるのだな、と思うとともに、このスピード感があるデータドリブン化が事業に大きく貢献していると感じました。

現場のオペレーションは、顧客に応じて常に最適化すべきです。実際、一休では常に変わっています。柔軟に変更していくスピーディーな判断は、データドリブン経営に欠かせない要素です。

とはいえ、本書で紹介した一連のデータ分析とアクションの最適化を週次で続けていくのは、それなりにタフなことだと思います。データ分析ができるデータ人材を活用すること、またデータ分析ができる人が複数いるなら、交代で担当すると、個々人が経験値を積むことができて成長が加速すると思います。現時点では内製が難しい場合、外部に委託しながら、社内人材の育成も依頼して、数カ月後には自走できるよう目指すといいでしょう。

そして、**顧客の姿にじかに触れること**をおすすめします。それは、ビジネスの主導権を持ってデータに向き合うことにほかなりません。

Column "爆売れ" 商品を検知する

▶ **図5-17　突然売れた商品の検知**

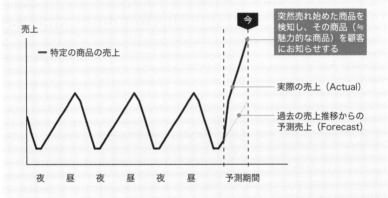

5章で述べた「需要予測」にあたる施策として、突然売れる商品を検知するプログラムを走らせています。売上が一気に伸びるような魅力的な商品が販売されているのを検知したら、いち早く顧客にお知らせしたり、在庫切れが起こらないように取引先に在庫の追加をお願いしたりしています。

私たちが扱う宿泊商品は売上の変動が激しく、何らかのきっかけで特定の商品が急に売れることがあります。その宿が特別な価格や魅力ある商品を出したとき、またテレビ番組やインフルエンサーが取り上げたときなどです。こうした際に起こる、**いわば"爆売れ"の兆しを、なるべく早く見つけます。**

通常、商品の売上は昼から夜にかけて多く、夜中は落ち着きますが、突然売れると過去の売上推移からの予測売上を大きく上回ります。そこで、予測と実際がおよそ一致しているかを随時チェックし、跳ね上がっていたらアラートが出るようにしています。"爆売れ"の兆しを検知するためのプログラムも、一定の精度の売上予測ができれば、そう複雑ではありません。売上予測を実装することで、いち早く顧客に喜ばれる提案をしたり、在庫切れを未然に防いだりできるのです。

■ おわりに　AIの進化が何をもたらすか

　本書の準備をしていた2023年にも、ビジネス環境や日常生活にさまざまな変化がありましたが、何よりも圧倒的だったのは、AIの進化です。ChatGPTをはじめ、文章や画像をゼロから生み出す生成系AIを使ってみて、驚いた人が多かったと思います。AIは2000年ごろからずっと進化していたものの、2023年は重要な転換点になったのではないでしょうか。

　私が**生成系AIの進化に特に可能性を感じるのは、画像もさることながら、特に「言葉の理解」について**です。例えば「東京から2時間くらい、和モダンな感じで露天風呂がある、日本酒がおいしい宿を教えて」とリクエストすると、まさにこれだという完璧な答えをいくつも出してくれるようになるでしょう。

　これは単なるキーワード検索を超えた、人のリクエストの意図を深く理解し、最適な答えをリッチなコンテンツで説明できる知能を意味します。宿に関するリクエストなら、私もある程度は答えられますが、AIのほうがはるかに精度高く、かつ候補も多く出せると思います。このレベルであらゆる返答をしてくれるのなら、AIの言葉の理解力は、人間のコミュニケーションや情報探索の方法に革命をもたらすでしょう。

　今、各社がAIを事業に生かす取り組みを始めています。今年以降、AIで明らかに業績が伸びたという事例が出てくるでしょう。これは企業にとって重要な変化を意味します。ただし、経営の視点から見ると、**AIの進化によって「変わるところ」と「変わらないところ」**があ

ると思います。

　変わるところは、とにかく入手できるデータが飛躍的に増えて、データの処理能力が劇的に向上しているので、**ますますデータドリブンの意思決定が進む**点です。ビッグデータへのアクセスやクラウドの活用など、基盤となる技術の進歩によって、これまでは計算負荷が課題で実現できなかったことも可能になるでしょう。

　また、社会の至るところにIoTデバイスが広がり、その中にAIが組み込まれれば、クラウドへのデータ転送によって生じていた遅延がなくなり、いろいろな処理のリアルタイム化も進みます。

　一方、変わらないのは、**最終の経営判断は人間が担う**点だと思います。その判断材料は、データとAIがこれまでより豊富に、そして解像度高く用意してくれますが、経営における判断は今後も人間が下すことになるでしょう。その点では、データは「諸刃の剣」といえます。データというものが何なのか、どう生かせばいいのかがわからないと、データに振り回されてしまうからです。

データ分析の“困ったところ”を理解する

　そうならないために、いくつか注意しておきたいことがあります。データの可能性とデータドリブン経営の実践について紹介してきましたが、実はデータは人間にとって少し困ったところもあります。そのひとつは、**あいまいさを許してくれない**点です。

　データクリーニングや、データクレンジングといった言葉を聞いたことがあると思います。データドリブンな意思決定をするには、扱う

データの質が高いことが前提です。データの質が高くないと、「人間なら絶対こんな返答をしないよね」という結果を平気で返してくることがあるので、それを踏まえた活用が大事です。

　例えば、あるエリアの不動産物件の適正な家賃を推定する場合、広さや駅からの距離、築年数といった変数の影響が大きくなります。このとき、とある物件の建築年のデータが抜けたまま分析した場合、プログラムがどう判断するのかというと「建築年＝""」→「西暦00年に建てられた」→「2024年前に建てられた建物」と捉え、広くて駅近なのに、ものすごく古い建物なので「適正家賃は0.01円」という分析結果を出してきたりするのです。この場合「抜けているならこうしなさい」と、プログラムに指示しなければいけません。

　笑い話のようですが、こうした「普通に考えれば分かるよね!?」といいたくなる困った挙動が、データ分析の現場ではわりと日常的に起きています。これを見落としたままデータドリブンの意思決定をしてしまうと、当然ですが判断ミスを引き起こします。なので**データの質の担保**は、AIによってデータドリブンがしやすくなるだけに、今後さらに重要になるはずです。**経営としては、社内でこれらを維持できるよう、努めなければなりません。**

　もうひとつの注意事項は、AIは**因果関係をあまり考慮しない**点です。例えば、購入確率が低い一部の顧客群Aにクーポンを発行すると、顧客群Aの購入確率は高まります。ですが、もともとの購入確率が低い顧客群なので、クーポンを発行していない他の顧客群Bと比較すると、顧客群Aの購入確率は依然として低いままであることが多いです。

すると、人間ならば「購入確率が低い顧客にクーポンを発行して、購入確率を高めようとしている」と理解できますが、AIは「クーポンを発行した顧客群は購入確率が低い。つまり、クーポンが購入確率を下げている」という、正反対の示唆を出してきたりします。このようなAIからの示唆を鵜呑みにすると判断を誤るので、因果関係を考慮できるようにプログラムを修正する必要があります。

　AIのモデルはとてもきれい好きなので、きれいなデータが入ってこそ期待通りに動いてくれます。そのデータのきれいさは、まだ人間が配慮して準備しないといけません。ここまで含めてAIが完全に自動化するには、もう少し時間がかかりそうです。**AIの唯一の栄養源は、データ**です。データという材料がまずいと、どんなに賢いAIでも、おいしい料理を出してはくれません。

　データ自体は、どんどん複雑化していきます。IoTやセンサー技術の発展で、顧客に関する情報だけでも、取得可能なデータの種類や量はこれからも増大します。テクノロジーが進んでデータドリブンがしやすい環境になるからこそ、またAIも味方につけられるからこそ、データの重要性は今後も上がり続けます。

データドリブンだからこそ、顧客接点を大事に

　そして、データの重要性が増すからこそ、**顧客接点を今以上に大事にする必要があります**。読者の方も懸念されていると思いますが、データドリブン化が進むほど、リアルな顧客の姿を見ようとする意識が薄れがちです。

　画面上の数字を追っていると、人の心理としてどうしても定量情報を信じる気持ちが大きくなり、リアルな顧客接点から得られる定性情報を無意識に軽んじてしまったり、顧客の心の動きやメカニズムへの関心が減ってしまったりするのです。

　データサイエンティストでもある私も、自分にそうした部分があると認識しています。そのため、意識的に顧客のリアルに触れるよう、顧客理解のための複数の活動をルーティンにしています。例えば、事業部が行う顧客インタビューには、私も同席するようにしています。

　また、毎週1時間、カスタマージャーニー勉強会を行っています。私は事業部のミーティングには一切出ませんが、この勉強会だけは同席するようにしています。

　この勉強会では、顧客のリアルな動きについて、ありとあらゆることを話しています。IDxxx番の人はどうしてここからこのページへ遷移したんだろう、このキーワードから流入しているからこんなニーズがあるのでは、そうするとこんなオファーが喜ばれるのでは、などです。妄想といえばそうですが、メンバーと話していると、やはり回を重ねるほど顧客への洞察力がどんどん上がってくることがわかります。

　もし私がコンビニの店員だったら、いつも20時ごろにスーツ姿でお惣菜を買う人が今日は白ワインも買っていったとしたら、今日は何かあったのかな、仕事が一区切りついたのかな、などといろいろ考えるでしょう。**オンラインの事業でも同様に、一つひとつの顧客行動の背景にある顧客心理への感度を一層高くしないといけない**と思っています。

経営の意思決定は軽くならない

　このように、データドリブンが可能になるほど、顧客接点の重要性も増していきます。ですが、データからの示唆と、リアルな顧客接点を通した示唆というこれらの両輪がしっかりかみ合ってこそ、これからの時代に成果を上げられます。**"勘と経験"だけに頼り続ける経営には、もう戻らないでいただきたい**と思います。

　今の日本企業の経営会議で、何らかの課題について語られる際、「そのデータの質は高いのか」といった言葉が飛び交っているとは考えられません。直感と分析結果に齟齬があるなら、データ分析が間違っているというより、前提とするデータの質や、データ部門へのディレクションに問題がある可能性が高いです。

　つまり、データサイドではなくビジネスサイドの問題です。それを認めて改善し、データの力を正しく発揮できる企業が、データ≒顧客を源泉に一層大きな価値を顧客に提供し、業績を伸ばしていけるでしょう。

　結局、最後は「データ×AI」による洞察と人間の判断との組み合わせです。データドリブン経営を実現できても、経営としての意思決定が軽くなるわけではありません。なので同じ経営者の皆さんと、また経営層を目指す皆さんとともに、私もこれからもっと邁進していきたいと思います。本書をきっかけに、データドリブン経営へと舵を切る経営者が増えたらうれしいです。

　最後に、この本に関わった人に感謝の気持ちをお伝えしたいと思います。

　この本のテーマとなった事業に一緒に取り組んで下さった一休の皆さんに、心から感謝です。この本の中で表現されているすべてのアイデアや経験は、皆さんと一緒に取り組んできた挑戦から生まれたものです。ありがとうございました。

　また、ライター兼編集者の高島知子さん、翔泳社 執行役員 統括編集長の押久保 剛さんには特別な感謝を捧げたいと思います。これまで経験したことやアイデアが、形のある文章として出版できたのは、お二人のおかげです。ありがとうございました。

　これまで数多くの出会いと学びがあって、この本を完成させることができました。これまでの人生でお世話になったすべての方々に、この場を借りて御礼申し上げます。

2024年2月

榊 淳

読者特典

顧客行動の見える化レポート10選

▍リーダーシップを前提にデータサイドと協業する

　本書4.2で紹介した「顧客行動の見える化レポート10選」を読者特典として、数字や要素を変更できる形で用意しました。次のページに記載した手順でダウンロードいただき、業界の特性や自社の状況に合わせて作成してみていただければと思います。

▶ Sample

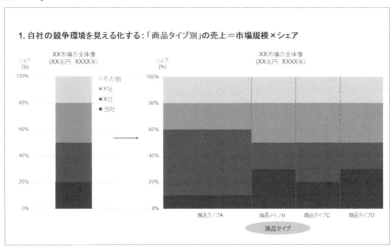

読者特典データのご案内

　本書の読者特典（SHOEISHA iD会員特典）は、以下のサイトからダウンロードして入手いただけます。

https://www.shoeisha.co.jp/book/present/9784798180472

※会員特典データのファイルは圧縮されています。ダウンロードしたファイルをダブルクリックすると、ファイルが解凍され、利用いただけます。

● 注意

※会員特典データのダウンロードには、SHOEISHA iD（翔泳社が運営する無料の会員制度）への会員登録が必要です。詳しくは、Webサイトをご覧ください。

※会員特典データに関する権利は著者および株式会社翔泳社が所有しています。許可なく配布したり、Webサイトに転載することはできません。

※会員特典データの提供は予告なく終了することがあります。あらかじめご了承ください。

● 免責事項

※会員特典データの記載内容は、2024年2月現在の法令等に基づいています。

※会員特典データに記載されたURL等は予告なく変更される場合があります。

※会員特典データの提供にあたっては正確な記述につとめましたが、著者や出版社などのいずれも、その内容に対してなんらかの保証をするものではなく、内容やサンプルに基づくいかなる運用結果に関してもいっさいの責任を負いません。

※会員特典データに記載されている会社名、製品名はそれぞれ各社の商標および登録商標です。

本書内容に関するお問い合わせについて

このたびは翔泳社の書籍をお買い上げいただき、誠にありがとうございます。弊社では、読者の皆様からのお問い合わせに適切に対応させていただくため、以下のガイドラインへのご協力をお願い致しております。下記項目をお読みいただき、手順に従ってお問い合わせください。

●ご質問される前に

弊社Webサイトの「正誤表」をご参照ください。これまでに判明した正誤や追加情報を掲載しています。

正誤表　https://www.shoeisha.co.jp/book/errata/

●ご質問方法

弊社Webサイトの「書籍に関するお問い合わせ」をご利用ください。

書籍に関するお問い合わせ　https://www.shoeisha.co.jp/book/qa/

インターネットをご利用でない場合は、FAXまたは郵便にて、下記"翔泳社 愛読者サービスセンター"までお問い合わせください。
電話でのご質問は、お受けしておりません。

●回答について

回答は、ご質問いただいた手段によってご返事申し上げます。ご質問の内容によっては、回答に数日ないしはそれ以上の期間を要する場合があります。

●ご質問に際してのご注意

本書の対象を超えるもの、記述個所を特定されないもの、また読者固有の環境に起因するご質問等にはお答えできませんので、予めご了承ください。

●郵便物送付先およびFAX番号

送付先住所　〒160-0006　東京都新宿区舟町5
FAX番号　　03-5362-3818
宛先　　　　（株）翔泳社 愛読者サービスセンター